시원스쿨 여행 **여행**
영어

시원스쿨어학연구소 지음

Ⓢ 시원스쿨닷컴

시원스쿨
여행 영어

초판 1쇄 발행 2024년 5월 30일

지은이 시원스쿨어학연구소
펴낸곳 (주)에스제이더블유인터내셔널
펴낸이 양홍걸 이시원

홈페이지 china.siwonschool.com
주소 서울시 영등포구 영신로 166 시원스쿨
교재 구입 문의 02)2014-8151
고객센터 02)6409-0878

ISBN 979-11-6150-847-4 10740
Number 1-010505-25252500-08

목차　CONTENTS

이 책의 구성 및 활용

미리 보는
여행 영어 사전

급할 때 바로 찾아 말할
수 있도록 단어와 문장
을 가나다 사전식으로
구성하였습니다.

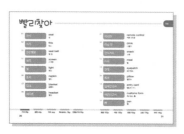

상황별 단어

공항, 호텔, 식당 등 여
행지에서 자주 쓰는 어
휘를 한눈에 보기 쉽게
정리하였습니다.

상황별 표현

여행에 꼭 필요한 필수
표현들만 엄선하여 수
록하였습니다. 영어를
몰라도 말하기가 가능
하도록 한글 발음을 표
기하였습니다.

시원스쿨 여행 영어만의 특별한 부록

핵심 표현 정리집 PDF

테마별 단어 정리집 PDF

핵심 표현 정리집 PDF & 테마별 단어 정리집 PDF

시원스쿨 영어(siwonschool.com) 홈페이지 ▶ 내 강의실 ▶ 공부자료실 ▶ MP3 자료실 ▶ 도서명 검색한 후 무료로 다운로드 가능합니다.

미리 보는
여행 영어 사전

필요한 단어와 문장을 한글 순서로 제시하였습니다.
원하는 문장을 바로바로 찾아 말해 보세요.

ㄸ

ㄹ

ㅃ

ㅅ

ㅇ

빨리찾아

01	좌석	seat 씻
02	이거	this 디스
03	안전벨트	seat belt 씻 벨
04	화면	screen 스크린
05	불	light 라잇
06	휴지	napkin 냅킨
07	담요	blanket 블랭킷
08	헤드폰	headset 헷셋

09	리모컨	remote control 리못 컨트롤
10	마실 것	drink 드링크
11	간식거리	snack 스낵
12	식사	meal 밀
13	안대	eyepatch 아이팻취
14	베개	pillow 필로우
15	입국신고서	entry card 엔트뤼 카드
16	세관신고서	customs form 커스텀스 폼
17	펜	pen 펜

기내에서

01 좌석 🪑

seat
씻

· 네 자리니?	이즈 디스 유어 씻? Is this your seat?
· 제 자리인데요.	디스 이즈 마이 씻. This is my seat.
· 제 자리는 어디인가요?	웨어 이즈 마이 씻? Where is my seat?
· 제 자리 차지 마세요.	돈 킥 마이 씻. Don't kick my seat.

02 이거 🔅

this
디스

· 이거 뭐예요?	왓 이즈 디스? What is this?

· 이거 가져다 주세요.　　**겟** 미 **디스**.
　　　　　　　　　　　Get me this.

· 이거 안 돼요.　　　　**디스** 더즌 **웤**.
　　　　　　　　　　　This doesn't work.

· 이거 치워 주세요.　　**테익 디스** 어웨이.
　　　　　　　　　　　Take this away.

· 이거 바꿔주세요.　　　**겟** 미 어 **디풔런 원**.
　　　　　　　　　　　Get me a different one.

· 이거로 할게요.　　　　**아**윌 고 윗 **디스** 원.
　　　　　　　　　　　I will go with this one.

03 안전벨트 　　seat belt
　　　　　　　　　　　　　　씻 벨

· 안전벨트를 매세요.　　**패쓴** 유어 **씻** 벨.
　　　　　　　　　　　Fasten your seat belt.

· 제 안전벨트가 헐렁해요.　마이 **씻** 벨 이즈 **루즈**.
　　　　　　　　　　　My seat belt is loose.

· 제 안전벨트가 너무 타이트
해요.

마이 **씻 벨** 이즈 **투 타잇**.

My seat belt is too tight.

04 화면

screen
스크린

· 화면이 안 나와요.

마이 **스크린** 이즈 **낫** 월킹.

My screen is not working.

· 화면이 멈췄어요.

마이 **스크린** 해즈 **프로즌**.

My screen has frozen.

· 화면이 너무 밝아요.

마이 **스크린** 이즈 **투** 브라잇.

My screen is too bright.

05 불

light
라잇

· 불 어떻게 켜요?

하우 두 **아이** **턴** 온 더 **라잇**?

How do I turn on the light?

· 불이 너무 밝아요.

더 **라잇** 이즈 **투** 브라잇.
The light is too bright.

· 불 좀 꺼주세요.

플리즈 **턴 오프** 더 **라잇**.
Please turn off the light.

06 휴지

napkin
냅킨

· 냅킨 좀 주세요.

겟미 썸 **냅킨**.
Get me some napkins.

· 냅킨 좀 더 주세요.

겟미 썸 **모어 냅킨**.
Get me some more napkins.

07 담요

blanket
블랭킷

· 저 담요 없어요.

아이 **갓** 노 블랭킷.
I got no blanket.

· 담요 가져다 주세요.

겟 미 어 블랭킷.
Get me a blanket.

· 저 담요 하나만 더 주세요.　쿠쥬 겟 미 어나덜 블랭킷?
Could you get me another
blanket?

08 헤드폰 　headset
헷쎗

· 헤드폰이 안 되는데요.　마이 헷쎗 이즈 낫 월킹.
My headset is not working.

· 어디다 꽂아요?　웨어 더즈 디스 고?
  (잭을 보여주며).　Where does this go?

09 리모컨 　remote control
뤼못 컨트롤

· 리모컨이 안 되는데요.　마이 뤼못 컨트롤 이즈 낫 월킹.
My remote control is not
working.

10 마실 것 🥤

drink
드링크

· 마실 거 좀 주세요.
겟 미 썸띵 투 드링크.
Get me something to drink.

· 물 좀 주세요.
겟 미 썸 워러.
Get me some water.

· 오렌지 주스 좀 주세요.
겟 미 썸 오뢴지 주스.
Get me some orange juice.

· 콜라 좀 주세요.
겟 미 썸 콕.
Get me some Coke.

· 사이다 좀 주세요.
겟 미 썸 스프라잇.
Get me some Sprite.

· 녹차 좀 주세요.
겟 미 썸 그륀티.
Get me some green tea.

· 커피 좀 주세요.
겟 미 썸 커퓌.
Get me some coffee.

· 맥주 좀 주세요.
겟 미 썸 비어.
Get me some beer.

· 와인 좀 주세요.
겟 미 썸 와인.
Get me some wine.

호텔 108p   식당 134p   관광 170p   쇼핑 192p   귀국 212p

37

11 간식거리

snack
스낵

· 간식거리 좀 있나요?

유 **갓** 썸 스낵스?
You got some snacks?

· 땅콩 좀 더 주세요.

겟 미 썸 **모**어 **피**넛츠.
Get me some more peanuts.

· 프레즐 좀 더 주세요.

겟 미 썸 **모**어 프뤳젤스.
Get me some more pretzels.

· 쿠키 좀 주세요.

겟 미 썸 쿠키스.
Get me some cookies.

12 식사

meal
밀

· 식사가 언제인가요?

웬 이즈 더 **밀**?
When is the meal?

· 식사가 뭐인가요?

왓 두 유 **햅** 포더 **밀**?
What do you have for the meal?

· 식사 나중에 할게요.

아월 햅 마이 **밀 레이러.**
I'll have my meal later.

· 지금 저 식사 할게요.

아월 햅 마이 **밀 나우.**
I'll have my meal now.

13 안대

eyepatch
아이팻취

· 안대 있어요?

두 **유** 해번 **아이팻취?**
Do you have an eyepatch?

· 이 안대 불편해요.

디스 아이팻취 이즌트 콤퓌.
This eyepatch isn't comfy.

· 다른 안대 갖다 주세요.

겟 미 어나덜 **아이팻취.**
Get me another eyepatch.

14 베개

pillow
필로우

· 베개 있어요?

두 **유** 해버 **필로우?**
Do you have a pillow?

· 이 베개 불편해요.　　　**디스 필로우 이즌트 콤퓌.**
　　　　　　　　　　　　This pillow isn't comfy.

· 다른 베개 갖다 주세요.　　**겟 미 어나덜 필로우.**
　　　　　　　　　　　　Get me another pillow.

15 입국신고서 　　entry card
　　　　　　　　　　　　엔트뤼 카드

· 입국신고서 작성 좀 도와　**헬 미 윗 디스 엔트뤼 카드.**
　주세요.　　　　　　　　Help me with this entry card.

· 입국신고서 한 장 더 주세요.　**플리즈 겟 미 원모 엔트뤼 카드.**
　　　　　　　　　　　　Please get me one more entry
　　　　　　　　　　　　card.

16 세관신고서 　　customs form
　　　　　　　　　　　　커스텀스 폼

· 세관신고서 작성 좀 도와주　**헬 미 윗 디스 커스텀스 폼.**
　세요.　　　　　　　　　Help me with this customs form.

· 세관신고서 한 장 더 주세요.

플리즈 겟 미 원모 커스텀스 폼.
Please get me one more
customs form.

기내

17 펜 ✒

pen
펜

· 펜 좀 빌려주시겠어요?

캐나이 버뤄우 어 펜?
Can I borrow a pen?

· 이 펜 안 나와요.

디스 펜 더즌 웍.
This pen doesn't work.

· 다른 펜으로 주세요.

겟 미 어나더 펜.
Get me another pen.

빨리찾아

호텔 108p   식당 134p   관광 170p   쇼핑 192p   귀국 212p

공항에서

01 환승 ✈

transit
트렌짓

· 저 환승 승객인데요.
암 어 트렌짓 패씬저.
I'm a transit passenger.

· 환승라운지 있나요?
이즈 데어러 트렌짓 **라운쥐**?
Is there a transit lounge?

· 경유해서 뉴욕으로 가요.
암 **어** 트렌짓 **패씬저** 투 **뉴욕**.
I'm a transit passenger to New
York.

02 게이트 🔀

gate
게잇

· 저 게이트를 못 찾겠어요.
아이 캔 퐈인 마이 **게잇**.
I can't find my gate.

· 2번 게이트는 어디에
있어요?

웨어 이즈 **게**잇 넘버 **투**?
Where is gate number two?

> **TIP** 탑승권에서 자신이 가야 할 게이트 숫자를 확인하고, gate게잇 뒤에 숫자를 붙여주세요. 숫자를 말하기 어려우면 탑승권을 직원에게 보여주며, Where is this gate? 웨어 이즈 디스 게잇?이라고 해요.

03 탑승

boarding
보딩

· 탑승 언제 해요?

웬 더즈 더 **보**딩 스타트?
When does the boarding start?

· 탑승하려면 얼마나 기다려요?

하우 **롱** 두 **아**이 니투 **웨**잇 투 **보**드?
How long do I need to wait to board?

04 연착 ⏱

delay
딜레이

· 제 비행기 연착됐어요? | 이즈 **마**이 플라잇 딜레이드?
Is my flight delayed?

· 왜 연착됐어요? | **와**이 이즈 **마**이 플라잇 딜레이드?
Why is my flight delayed?

· 언제까지 기다려요? | 하우 **롱** 두 **아**이 햅투 웨잇?
How long do I have to wait?

05 다음 비행편

next flight
넥쓰 플라잇

· 다음 비행기는 그럼 언제예요? | **웬** 이즈 더 **넥**쓰 플라잇?
When is the next flight?

· 다음 비행편은 어떤 항공사예요? | **위**치 에얼라인 이즈 더 **넥**쓰 플라잇?
Which airline is the next flight?

· 다음 비행편은 얼마예요? | 하우 **머**취 이즈 더 **넥**쓰 플라잇?
How much is the next flight?

06 대기 🏃🏃🏃

wait
웨잇

· 얼마나 대기해요?

하우 롱 두 **아**이 웨**잇**?
How long do I wait?

· 어디서 대기해요?

웨어 두 **아**이 웨**잇**?
Where do I wait?

· 대기하는 동안 나갈 수 있어요?

캐**나**이 고 **아**웃싸이드 와일 웨이**링**?
Can I go outside while waiting?

07 대기 장소 🍶🏃

lounge
라운쥐

· 대기 장소 어디예요?

웨어 이즈 더 **웨**이링 **라**운쥐?
Where is the waiting lounge?

· 비즈니스 라운지 어디예요?

웨어 이즈 더 **비**즈니스 **라**운쥐?
Where is the business lounge?

08 레스토랑 restaurant
뤠스토란

· 레스토랑은 어디예요?

웨어 이즈 **더 뤠**스토란?
Where is the restaurant?

· 한국 레스토랑 있어요?

이즈 **데**어 어 **코뤼**안 **뤠**스토란?
Is there a Korean restaurant?

· 커피샵 어디 있어요?

웨어 이즈 **더 커**피 **샵**?
Where is the coffee shop?

· 간단한 걸로 주세요.

아윌 햅 **썸**띵 **라**잇.
I'll have something light.

· 오래 걸려요?

더짓 테**익 롱**?
Does it take long?

09 화장실 ♥▌▌ restroom
뤠쓰룸

· 화장실 어디 있어요?

웨어 이즈 **더 뤠**쓰룸?
|Where is the restroom?

10 출입국 관리소 immigration
이미그뤠이션

· 입국심사대 어디로 가요?   **웨**어 이즈 디 이미**그**뤠이**션**?
Where is the immigration?

공항

11 외국인 international
인터내셔널래

· 이게 외국인 줄인가요?   이즈 **디**스 어 라인 포 인터**내**셔널스?
Is this a line for internationals?

· 이게 외국인 줄인가요?   이즈 **디**스 어 라인 포 포리너스?
Is this a line for foreigners?

12 통역사 🎧 interpreter
인터프뤠터

· 한국인 통역사 불러 주세요.   캔 유 겟 미 어 코뤼안 인**터**프뤠터?
Can you get me a Korean
interpreter?

51

· 못 알아 듣겠어요.

아이 **돈** 언더스탠.
I don't understand.

· 천천히 말씀해 주세요.

캔 **유** 스픽 슬로울리?
Can you speak slowly?

· 다시 한번 말씀해 주세요.

원 모 타임, 플리즈.
One more time, please.

13 지문

fingerprint
핑거프린

· 지문 여기에 갖다 대세요.

풋 유어 **핑거프린** 히어.
Put your fingerprint here.

· 오른쪽 손이요?

마이 **롸잇** 핸?
My right hand?

· 왼쪽 손이요?

마이 **레프트** 핸?
My left hand?

14 왕복 티켓

return ticket
뤼턴 티켓

공항

· 왕복 티켓 보여 주세요.

쇼 미 유어 **뤼턴** 티켓.
Show me your return ticket.

· 왕복 티켓 있으세요?

두 **유** 햅 유어 **뤼턴** 티켓?
Do you have your return ticket?

· 네, 여기 제 왕복 티켓이요.

예스. 히어 이즈 마이 **뤼턴** 티켓.
Yes. Here is my return ticket.

15 여기 왜 왔냐면요

I'm here on
암 히어 온

· 휴가 보내러 왔어요.

암 **히**어 온 어 붸케이션.
I'm here on a vacation.

· 출장 때문에 왔어요.

암 **히**어 온 어 비즈니스 **트립**.
I'm here on a business trip.

· 관광하러 왔어요.

암 **히**어 포 **싸잇씨**잉.
I'm here for sightseeing.

53

16 여기 묵을 거예요

I'm staying at
암 스테잉 앳

· 호텔에 묵을 거예요.

암 스테잉 애러 호텔.
I'm staying at a hotel.

· 게스트 하우스에 묵을 거예요.

암 스테잉 애러 게스트 하우스.
I'm staying at a guest house.

· 친척 집에 묵을 거예요.

암 스테잉 앳 마이 렐레티브스.
I'm staying at my relatives.

TIP 요즘 현지의 빈 집을 인터넷을 통해 빌려주는 Airbnb 사이트 많이 사용하시죠? 입국 심사 시 굳이 설명할 필요 없이, 친구 집에 머문다고 하시면 됩니다.

---

17 여기 얼마 동안 있을 거예요

I'm here for
암 히어 포

· 3일 동안 있을 거예요.

암 히어 포 뜨뤼 데이즈.
I'm here for three days.

· 1주일 동안 있을 거예요.

암 히어 포러 윅.
I'm here for a week.

기내 30p   공항 42p   거리 64p   택시&버스 78p   전철&기차 92p

· 한 달 동안 있을 거예요.　　암 **히**어 포러 **몬**쓰.
　　　　　　　　　　　　　I'm here for a month.

18 수하물 찾는 곳　　**baggage claim**
배기쥐 클레임

· 수하물 어디서 찾아요?　　웨어 두 **아**이 **퐈**인 마이 **배**기쥐?
　　　　　　　　　　　　　Where do I find my baggage?

· 수하물 찾는 곳이 어디예요?　**웨**어 이즈 더 **배**기쥐 클레임?
　　　　　　　　　　　　　Where is the baggage claim?

· 수하물 찾는 곳으로 데려가　플리즈 **테**익 미 투 더 **배**기쥐 클레
　주세요.　　　　　　　　임.
　　　　　　　　　　　　　Please take me to the baggage
　　　　　　　　　　　　　claim.

19 카트　　**trolley**
트뤌리

· 카트 어딨어요?　　　　**웨**어 이즈 더 트뤌리?
　　　　　　　　　　　　　Where is the trolley?

· 카트 공짜예요?

이저 트뤌리 프뤼?
Is a trolley free?

· 카트 고장 났나봐요.

아이 **띵**크 마이 트뤌리 이즈 **낫** 월킹.
I think my trolley is not working.

· 카트가 없는데요.

데어 이즈 **노** 트뤌리.
There is no trolley.

20 분실(신고)

missing
미씽

· 제 짐이 없는데요.

마이 **배**기쥐 이즈 **미**씽.
My baggage is missing.

· 제 짐이 안 나왔어요.

마이 **배**기쥐 해즌 **컴 아웃** 옛.
My baggage hasn't come out yet.

· 제 짐을 분실했나봐요.

아이 **띵**크 아입 **러**스트 마이 **배**기쥐.
I think I've lost my baggage.

21 제 거예요

mine
마인

· 이 가방 제 거예요.

디스 **백** 이즈 **마인**.
This bag is mine.

· 이 카트 제 거예요.

디스 트뤌리 이즈 **마인**.
This trolley is mine.

22 신고

declare
디클레어

· 신고할 물건 없어요.

아이 햅 **낫**띵 투 디클레어.
I have nothing to declare.

· 신고할 물건 있어요.

아이 햅 **썸**띵 투 디클레어.
I have something to declare.

· 신고하려면 어디로 가죠?

웨어 두 아이 **고** 투 디클레어?
Where do I go to declare?

23 선물 🎁

gift
기프트

· 이건 선물할 거예요.

디즈 아 더 기프트.
These are the gifts.

· 이건 선물 받은 거예요.

디스 이즈 왓 **아브** 갓 애**저 기프트**.
This is what I've got as a gift.

· 선물로 산 거예요.

아이 **봇** 디스 애**저 기프트**.
I bought this as a gift.

24 한국 음식 🍚

Korean food
코뤼안 푸드

· 이거 한국 음식이에요.

디스 이즈 **코뤼안 푸드**.
This is Korean food.

· 김이에요.

잇츠 드롸이드 **씨위드**.
It's dried seaweed.

· 미숫가루예요.

잇츠 **믹쓰드** 그뤠인 **파우더**.
It's mixed-grain powder.

· 고추장이에요.

잇츠 **췰리 페이스트**.
It's chili paste.

· 김치예요.

잇츠 **콜드 김**치.
It's called kimchi.

· 이상한 거 아니에요.

잇츠 **낫**띵 **위얼**드.
It's nothing weird.

25 출구 🏃

exit
엑싯

· 출구는 어디예요?

웨어 이즈 디 **엑싯**?
Where is the exit?

· 출구는 어느 쪽이에요?

위치 **웨**이 이즈 디 **엑싯**?
Which way is the exit?

· 출구를 못 찾겠어요.

아이 **캔** 파인 **디 엑싯**.
I can't find the exit.

26 여행 안내소   information center
인포메이션 센터

· 여행 안내소는 어디예요?

웨어 이즈 디 인포**메**이션 **센**터?
Where is the information center?

· 지도 좀 주세요.

플리즈 김미 어 **맵**.
Please give me a map.

· 한국어 지도 있어요?

유 가러 **맵** 인 코**뤼안**?
You got a map in Korean?

27 환전   money exchange
머니 익스췌인지

· 환전하는데는 어디예요?

웨어 이즈 더 **머**니 익스**췌**인지?
Where is the money exchange?

· 환전하려고 하는데요.

아드 **라**익 투 익스**췌**인지 **머**니.
I'd like to exchange money.

· 잔돈도 주세요.　　　　　스몰 빌스, 플리즈.
　　　　　　　　　　　　　Small bills, please.

28 택시 🚗　　　　**taxi**
　　　　　　　　　　택씨

· 택시 어디서 탈 수 있어요?　**웨**어 두 **아**이 게러 **택**씨?
　　　　　　　　　　　　Where do I get a taxi?

· 택시 타면 비싼가요?　　　이즈 **테**이킹 어 **택**씨 익스**펜**시브?
　　　　　　　　　　　　Is taking a taxi expensive?

· 택시 타고 시내 가려고요.　암 **고**잉 **다**운타운 **바**이 **택**씨.
　　　　　　　　　　　　I'm going downtown by taxi.

· 다른 거 뭐 탈 수 있어요?　왓 **엘**스 캐**나**이 테**익**?
　　　　　　　　　　　　What else can I take?

29 셔틀버스 🚌   shuttle bus
셔를 버스

· 셔틀버스는 어디서 타요?   **웨어 캐나이 게러 셔**를 버스?
       Where can I get a shuttle bus?

· 셔틀버스는 몇 시에   **왓 타임 더즈 더 셔**를 버스 **리브**?
   출발해요?   What time does the shuttle bus
       leave?

· 이 셔틀버스는 시내   더즈 **디스 셔**를 버스 고 다운**타운**?
   가요?   Does this shuttle bus go
       downtown?

· 셔틀버스 얼마예요?   **하우 머취 이즈 더 셔**를 버스?
       How much is the shuttle bus?

30 제일 가까운 ↔ the nearest
더 **니**어뤼스트

공항

· 가까운 호텔이 어디죠? | **웨**어 이즈 더 **니**어뤼스트 호텔?
Where is the nearest hotel?

· 가까운 레스토랑이 어디 죠? | **웨**어 이즈 더 **니**어뤼스트 **뤠**스토 란?
Where is the nearest restaurant?

· 가까운 카페가 어디죠? | **웨**어 이즈 더 **니**어뤼스트 카**페**이?
Where is the nearest café?

· 가까운 전철역이 어디죠? | **웨**어 이즈 더 **니**어뤼스트 **썹**웨이 스테이션?
Where is the nearest subway station?

빨리찾아

09	구역	block 블락
10	거리	street 스트릿
11	모퉁이	corner 코너
12	골목	alley 앨리
13	횡단보도	crosswalk 크뤄쓰웍
14	걷다	walk 웍
15	얼마나 걸려요	How long 하우 롱
16	고마워요	Thank you 땡큐

거리에서

01 어디 있어요 ? Where is
웨어 이즈

· 이 장소는 어디에 있어요?

웨어 이즈 디스?
Where is this?

· 이 레스토랑은 어디에 있어요?

웨어 이즈 디스 뤠스토란?
Where is this restaurant?

· 이 백화점은 어디에 있어요?

웨어 이즈 디스 디팟먼 **스토어**?
Where is this department store?

· 이 박물관은 어디에 있어요?

웨어 이즈 디스 뮤지엄?
Where is this museum?

· 이 미술관은 어디에 있어요?

웨어 이즈 디스 알트 갤러뤼?
Where is this art gallery?

· 버스 정류장은 어디에 있어요?

웨어 이즈 더 버스탑?
Where is the bus stop?

· 지하철역은 어디에
있어요?

웨어 이즈 더 **썹**웨이 스테이션?
Where is the subway station?

· 택시 정류장 어딨어요?

웨어 이즈 어 **택**씨 스**탠**?
Where is a taxi stand?

거리

02 어떻게 가요 How do I go
하우 두 아이 고

· 여기는 어떻게 가요?

하우 두 **아**이 겟 **히**어?
How do I get here?

· 저기는 어떻게 가요?

하우 두 **아**이 고 **데**어?
How do I go there?

· 이 건물은 어떻게 가요?

하우 두 **아**이 고 투 디스 빌딩?
How do I go to this building?

· 이 레스토랑은 어떻게
  가요?

하우 두 **아**이 **고** 투 디스 **뤠**스토
란?

How do I go to this restaurant?

· 이 박물관은 어떻게 가요?

하우 두 **아**이 **고** 투 디스 뮤**지**엄?

How do I go to this museum?

· 버스 정류장은 어떻게
  가요?

하우 두 **아**이 **고** 투 더 버스**탑**?

How do I go to the bus stop?

· 지하철역은 어떻게 가요?

하우 두 **아**이 **고** 투 더 **썹**웨이 스테
이**션**?

How do I go to the subway
station?

· 택시 정류장 어떻게 가요?

하우 두 **아**이 **고** 투 더 **택**씨 스**탠**?

How do I go to the taxi stand?

03 길 🎏

way

웨이

· 이 길이 맞아요?

이즈 **디**스 더 **롸잇** 웨**이**?

Is this the right way?

· 이 방향이 맞아요?   이즈 **디스** 더 **롸**잇 디**뤡션**?
I s this the right direction?

· 길 좀 알려 줄 수 있어요?   캔 **유 쇼**미 더 **웨이**?
Can you show me the way?

· 이 길이 아닌 것 같아요.   아이 **띵**크 잇츠 더 **룅** 웨이.
I think it's the wrong way.

거리

04 찾다 🔍

find
퐈인드

· 저 여기 찾아요.   **아 가라 퐈**인 **디스**.
I gotta find this.

· 이 주소 찾아요.   **아 가라 퐈**인 **디스 애**드**뤠쓰**.
I gotta find this address.

· 이 레스토랑 찾아요.   **아 가라 퐈**인 **디스 뤠**스토란.
I gotta find this restaurant.

· 버스 정류장 찾아요.   **아 가라 퐈**인더 버스탑.
I gotta find a bus stop.

---

05 주소

address
애드뤠쓰

· 이 주소는 어디예요?

웨어 이즈 디스 **애드뤠쓰?**
Where is this address?

· 이 주소는 어떻게 가요?

하우 두 **아**이 겟 투 디스 **애드뤠쓰?**
How do I get to this address?

· 이 주소 아세요?

유 **노** 디스 **애드뤠쓰?**
You know this address?

06 지도

map
맵

· 이 지도가 맞아요?

이즈 **디스** 맵 롸잇?
Is this map right?

· 지도상의 여기가 어디예요?

이즈 **디스** 더 로케이션 온 더 **맵?**
Is this the location on the map?

· 지도 좀 그려 주세요.

플리즈 드로 미 어 **맵.**
Please draw me a map.

---

07 왼쪽 ↖

left
레프트

· 왼쪽으로 가요.

고 레프트.
Go left.

· 왼쪽 모퉁이를 돌아요.

고 레프트 앳 더 코너.
Go left at the corner.

· 왼쪽으로 계속 가요.

고 스트뤠잇 투 더 레프트.
Go straight to the left.

· 왼쪽 건물이에요.

잇츠 더 빌딩 온 더 레프트.
It's the building on the left.

거리

08 오른쪽 ↗

right
롸잇

· 오른쪽으로 가요.

고 롸잇.
Go right.

· 오른쪽 모퉁이를 돌아요.

고 롸잇 앳 더 코너.
Go right at the corner.

호텔 108p   식당 134p   관광 170p   쇼핑 192p   귀국 212p

· 오른쪽으로 계속 가요. **고** 스트뤠잇 투 더 **롸잇**.
Go straight to the right.

· 오른쪽 건물이에요. **잇츠** 더 **빌딩** 온 **더 롸잇**.
It's the building on the right.

09 구역 ᵱ

block
블락

· 이 구역을 돌아서 가요. **고** 어**롸**운 디스 **블락**.
Go around this block.

· 두 개 더 가야 돼요. 유 **가**라 고 **투** 모어 **블락**.
You gotta go two more blocks.

· 하나 더 가야 돼요. 유 **가**라 고 **원** 모어 **블락**.
You gotta go one more block.

· 이 구역을 따라 쭉 내려가 고 스트뤠잇 다운 **디스 블락**.
요. Go straight down this block.

· 그 빌딩은 다음 구역에 있 더 **빌딩** 이즈 온 **더 넥스 블락**.
어요. The building is on the next
block.

10 거리

street
스트릿

· 5번 거리 어디예요?
웨어 이즈 **피프쓰 스트릿**?
Where is 5th street?

· 이 거리를 따라 쭉 내려가요.
고 스트뤠잇 다운 디스 **스트릿**.
Go straight down this street.

· 이 다음 거리에 있어요.
잇츠 온 더 넥스트**릿**.
It's on the next street.

거리

11 모퉁이

corner
코너

· 이 모퉁이를 돌면 있어요.
잇츠 어롸운 더 **코**너.
It's around the corner.

· 여기 돌면 있다고 했는데…
아브 **헐** 댓 잇츠 어롸운 더 **코**너.
I've heard that it's around the corner.

· 여기 돌면 이 건물이 있어
요?

이즈 **데**어 디스 **빌**딩 어**롸**운 더 **코**
너?

Is there this building around the
corner?

· 여기 말고 다음 모퉁이예
요.

낫 디스 코너, 어**롸**운 더 **넥**스 **코**
너.

Not this corner, around the next
corner.

12 골목

alley
앨리

· 이 골목으로 들어가요?

슈**다**이 고 **인**투 디스 앨**리**?

Should I go into this alley?

· 이 골목으로 들어가요.

고 인투 **디**스 앨**리**.

Go into this alley.

· 이 골목은 아니에요.

낫 디스 **앨리**.

Not this alley.

· 다음 골목이에요.   **잇츠 더 넥스앨리.**
It's the next alley.

· 이 골목은 위험해요.   **디스 앨리 이즈 댕저뤄스.**
This alley is dangerous.

13 횡단보도   crosswalk
크뤄쓰웍

· 횡단보도는 어디예요?   **웨어 이즈 더 크뤄쓰웍?**
Where is the crosswalk?

· 횡단보도는 멀어요?   이즈 **더 크뤄쓰웍 퐈 프롬 히어?**
Is the crosswalk far from here?

· 여기서 건너야 돼요.   유 **가라 크뤄쓰 히어.**
You gotta cross here.

14 걷다 🚶 **walk**
워크

· 여기서 걸어 갈 수 있어요?

캐**나**이 **워크 프롬** 히**어**?
Can I walk from here?

· 얼마나 걸어요?

하우 롱 슈다**이 워크 포**?
How long should I walk for?

15 얼마나 걸려요 ⌄ **How long**
하우 롱

· 여기서 얼마나 걸려요?

하우 롱 더짓 테**익 프**롬 히**어**?
How long does it take from
here?

· 걸어서 얼마나 걸려요?

하우 롱 더짓 테**익** 바**이** 워**킹**?
How long does it take by
walking?

· 버스로 얼마나 걸려요?	**하**우 롱 더짓 테**익** 바이 **버**스?
	How long does it take by bus?
· 지하철로 얼마나 걸려요?	**하**우 롱 더짓 테**익** 바이 **썹웨**이?
	How long does it take by subway?
· 택시로 얼마나 걸려요?	**하**우 롱 더짓 테**익** 바이 **택**씨?
	How long does it take by taxi?

거리

16 고마워요 😊 | **Thank you**
땡큐

· 고마워요.	**땡**큐.
	Thank you.
· 도와줘서 고마워요.	**땡**쓰 포 유어 **헬**프.
	Thanks for your help.
· 너 덕분에 살았어.	**유**아러 **라**이프세이붜.
	You're a lifesaver.

빨리찾아

10	버스 정류장	bus stop 버스탑
11	어디행 버스	bus for 버스 포
12	반대쪽	other side 아덜 싸잇
13	기다려요	wait 웨잇
14	버스 요금	bus fare 버스 풰어
15	환승	transfer 트뤤스풔
16	내려요	get off 게로프
17	정거장	stop 스탑
18	창문/문	window / door 윈도우　　도어

택시
&
버스

택시&버스에서

01 택시 정류장 taxi stand
택씨 스탠

· 택시 정류장은 어디예요? **웨어 이즈 더 택씨 스탠?**
Where is the taxi stand?

· 택시 정류장이 가까워요? **이즈 더 택씨 스탠 클로즈?**
Is the taxi stand close?

02 어디로 take me to
가 주세요 테익 미 투

· 여기로 가 주세요. **테익 미 히어.**
Take me here.

· 이 주소로 가 주세요. **테익 미 투 디스 애드뤠쓰.**
Take me to this address.

· 이 호텔로 가 주세요. **테익 미 투 디스 호텔.**
Take me to this hotel.

· 이 박물관으로 가 주세요.   **테익** 미 **투** 디스 뮤**지엄**.
　　　　　　　　　　　　　Take me to this museum.

· 이 미술관으로 가 주세요.   **테익** 미 **투** 디스 **알트 갤러뤼**.
　　　　　　　　　　　　　Take me to this art gallery.

· 이 공원으로 가 주세요.   **테익** 미 **투** 디스 **팍**.
　　　　　　　　　　　　　Take me to this park.

· 시내로 가 주세요.   **테익** 미 **다운**타운.
　　　　　　　　　　　Take me downtown.

· 공항으로 가 주세요.   **테익** 미 **투** **디** 에어폿.
　　　　　　　　　　　　Take me to the airport.

· 돌아가는 거 같은데요!   아이 **띵** 크 유아 **디** 투어링!
　　　　　　　　　　　　　I think you're detouring!

· 얼마나 가야 하죠?   하우 **퐈** 아 **위**?
　　　　　　　　　　　How fare are we?

03 기본 요금 starting fare
스타링 풰어

· 기본 요금이 얼마예요? | 하우 머취 이즈 **더** 스타링 **풰어**?
How much is the starting fare?

· 기본 요금 비싸요. | 더 스**타링** 페어 이즈 **투** 익스**펜십**.
The starting fare is too
expensive.

04 요금 fare
풰어

· 요금이 얼마예요? | **하우** 머취 이즈 더 **풰어**?
How much is the fare?

· 요금 얼마 드려야 되죠? | **하우** 머취 두 **아**이 **오우 유**?
How much do I owe you?

· 현금으로 할게요. | **아**윌 페이 바이 캐쉬.
I'll pay by cash.

05 트렁크

trunk
트렁크

· 트렁크 열어 주세요.

플리즈 **오**픈 더 트**렁**크.
Please open the trunk.

· 트렁크가 안 열려요.

더 트**렁**크 이즈 **낫 오**프닝.
The trunk is not opening.

· 이거 넣는 것 좀 도와주세요.

플리즈 **헬**미 풋 디스 인.
Please help me put this in.

택시
&
버스

06 빨리
가 주세요

faster
풰스터

· 빨리 가 주실 수 있나요?

캔 **유** 고 풰**스**터?
Can you go faster?

· 빨리 가 주세요.

플리즈 고 풰**스**터.
Please go faster.

· 빨리 가야 돼요.

아이 **가**라 고 풰**스**터.
I gotta go faster.

호텔 108p   식당 134p   관광 170p   쇼핑 192p   귀국 212p

07 세워 주세요

pull over
풀로버

· 여기서 세워 주세요.

풀로버 히어.
Pull over here.

· 횡단보도에서 세워 주세요.

풀로버 앳 더 크로쓰웍.
Pull over at the crosswalk.

· 모퉁이 돌아서 세워 주세요.

풀로버 저스터롸운 더 코너.
Pull over just around the corner.

· 한 구역 더 가서 세워 주세요.

풀로버 앳 더 넥스 블락.
Pull over at the next block.

08 잔돈

change
췌인쥐

· 잔돈은 됐어요.

킵 더 췌인쥐.
Keep the change.

· 거스름돈은 왜 안 주나요?

와이 안츄 기빙 미 더 췌인쥐?
Why aren't you giving me the
change?

· 동전으로 주세요.　　　　　　**플리즈 김미 인 코**인즈.
　　　　　　　　　　　　　Please give me in coins.

09 신용카드 💳　　　**credit card**
　　　　　　　　　　크뤠딧 카드

· 신용카드 되나요?　　　　　두 **유** 테익 크뤠딧 **카**즈?
　　　　　　　　　　　　　Do you take credit cards?

택시 & 버스

· 현금 있어요.　　　　　　　**아**이 햅 캐쉬.
　　　　　　　　　　　　　I have cash.

· 현금 없어요.　　　　　　　**아**이 돈 **햅** 캐쉬.
　　　　　　　　　　　　　I don't have cash.

· 애플 페이로 계산해도 되나　캐**나**이 **페**이 윋 애쁠 **페**이?
요?　　　　　　　　　　　Can I pay with Apple Pay?

호텔 108p　　식당 134p　　관광 170p　　쇼핑 192p　　귀국 212p

10 버스 정류장 **bus stop**
버스탑

· 버스 정류장은 어디예요? **웨**어 이즈 **더 버스**탑?
Where is the bus stop?

· 버스 정류장은 가까워요? 이즈 더 **버스**탑 클로**즈**?
Is the bus stop close?

· 버스는 어디서 탈 수 있어요? **웨**어 두 **아**이 게**러 버스**?
Where do I get a bus?

11 어디행 버스 **bus for**
버스 포

· 이거 시내 가는 버스예요? 이즈 **디스** 어 **버스 포 다**운타운?
Is this a bus for downtown?

· 이거 공항 가는 버스예요? 이즈 **디스** 어 **버스 포** 디 에어**폿**?
Is this a bus for the airport?

· 이거 지하철 가는 버스예요? 이즈 **디스** 더 **버스 포** 더 **썹**웨이 스테이**션**?
Is this the bus for the subway station?

12 반대쪽   **other side**
아덜 싸잇

· 반대쪽에서 타야 됩니다.

유 가라 고 롸이드 온 디 아덜 싸잇.
You gotta go ride on the other side.

· 반대쪽으로 가려면 어디로 가요?

하우 두 아이 겟 투 디 아덜 싸잇?
How do I get to the other side?

· 반대쪽 버스가 시내에 가요?

더즈 더 버스 온 디 아덜 싸잇 고 다운타운?
Does the bus on the other side go downtown?

택시 & 버스

13 기다려요   **wait**
웨잇

· 얼마나 기다려요?

하우 롱 두 아이 웨잇?
How long do I wait?

· 10분 기다리세요.

유 가라 웨잇 포 텐 미닛츠.
You gotta wait for ten minutes.

· 기다리지 마세요.
여기 안 와요.

돈 웨잇. 잇 **더**즌 **컴** 히어.
Don't wait. It doesn't come here.

14 버스 요금 bus fare
버스 풰어

· 버스 요금이 얼마예요?

하우 머취 이즈 더 버스 풰어?
How much is the bus fare?

· 버스 요금은 현금으로
내요?

캐나이 **페**이 인 **캐쉬**?
Can I pay in cash?

· 버스 요금은 어떻게 내요?

하우 두 아이 페이 포 더 풰어?
How do I pay for the fare?

15 환승

transfer
트랜스퍼

· 어디에서 환승해요?

웨어 두 아이 트렌스퍼?
Where do I transfer?

· 몇 번으로 환승해요?

위치 버스 슈다이 트렌스퍼 투?
Which bus should I transfer to?

택시 & 버스

16 내려요

get off
게로프

· 저 여기서 내려요.

아이 게로프 히어.
I get off here.

· 저 어디서 내려요?

웨어 두 아이 게로프?
Where do I get off?

· 여기서 내리는 거 맞아요?

두 아이 게로프 히어?
Do I get off here?

· 내려야 할 때 알려주세요.

렛 미 노 웬 투 게로프.
Let me know when to get off.

· 저 못 내렸어요.

아이 **미**쓰 마이 스탑!
I missed my stop!

17 정거장 🚌 stop
스탑

· 몇 정거장 가야 돼요?

하우 매니 스탑스 두 **아**이 고?
How many stops do I go?

· 이번 정거장에서 내리나요?

두 **아**이 게로프 앳 **디**스탑?
Do I get off at this stop?

· 제 정거장이에요?

이즈 **디**스 마이 스**탑**?
Is this my stop?

18 창문/문 🚃 window·door
윈도우·도어

· 창문 좀 열어도 되나요?

두 **유** 아인 **오**프닝 더 윈도**우**?
do you mind openimg the
window?

· 창문이 안 열려요.

더 **윈**도우 이즈 스**틱**

the window is stuck.

· 문에 제 재킷이 끼었어요.

마이 **좌**켓스 갓 스**틱** 인 더 **도**어

my jacket's got stuck in the door.

택시
&
버스

빨리찾아

전철
&
기차

전철&기차에서

01 전철역 subway station
썹웨이 스테이션

· 전철역 어디예요?
웨어 이즈 더 썹웨이 스테이션?
Where is the subway station?

· 전철역 어떻게 가요?
하우 두 **아**이 겟 투 **더 썹**웨이 스테
이션?
How do I get to the subway
station?

· 여기가 전철역이에요?
이즈 디스 더 **썹**웨이 스테이션?
Is this the subway station?

· 전철역 여기서 멀어요?
이즈 더 **썹**웨이 스테이션 **퐈** 프롬
히**어**?
Is the subway station far from
here?

전철
&
기차

02 기차역

train station
트뤠인 스테이션

· 기차역 어디예요?

웨어 이즈 더 트뤠인 스테이션?
Where is the train station?

· 기차역 어떻게 가요?

하우 두 아이 겟 투 더 트뤠인 스테이션?
How do I get to the train station?

· 여기가 기차역이에요?

이즈 디스 더 트뤠인 스테이션?
Is this the train station?

· 기차역 여기서 멀어요?

이즈 더 트뤠인 스테이션 파 프롬 히어?
Is the train station far from here?

03 매표소 🏴

ticket window
티켓 윈도우

· 매표소는 어디예요?

웨어 이즈 **더 티**켓 윈도**우**?
Where is the ticket window?

· 매표소는 어떻게 가요?

하우 두 **아**이 겟 투 **더 티**켓 윈도우?
How do I get to the ticket window?

· 표 살 거예요.

암 거나 **바**이 어 **티**켓.
I'm gonna buy a ticket.

전철 & 기차

04 발권기 🛬

ticket machine
티켓 머쉰

· 발권기 어딨어요?

웨어 이즈 **더 티**켓 머**쉰**?
Where is the ticket machine?

· 발권기 어떻게 써요?

하우 두 **아이** 유즈 더 **티**켓 머쉰?
How do I use the ticket machine?

· 발권기 안 되는데요.

더 티켓 머쉰 이즈 낫 월킹.
The ticket machine is not working.

· 발권기 쓰는 것 좀 도와주세요.

헬미 유즈 디스 머쉰.
Help me use this machine.

· 제 표가 안 나와요.

마이 티켓 이즈 낫 커밍 아웃.
My ticket is not coming out.

05 요금

fare
퓌어

· 요금 얼마예요?

하우 머취 이즈 더 퓌어?
How much is the fare?

· 신용카드 되나요?

두유 테익 크뤠딧 카즈?
Do you take credit cards?

· 현금 없어요.

아이 돈 햅 애니 캐쉬.
I don't have any cash.

06 급행열차

express train
익쓰프레쓰 트뤠인

· 여기로 가는 급행열차
  있어요?

이즈 데어런 **익쓰프레쓰 트뤠인** 투
히**어**?
Is there an express train to
here?

· 급행열차는 얼마예요?

하우 머취 이즈 **디 익쓰프레쓰 트
뤠인**?
How much is the express train?

· 급행열차 어디서 타요?

웨어 슈**라**이 고 포 **디 익쓰프레쓰
트뤠인**?
Where should I go for the
express train?

전철
&
기차

· 급행열차는 몇 시에
  있어요?

왓 **타**임 이즈 **디 익쓰프레쓰 트뤠
인**?
What time is the express train?

---

07 편도

one-way
원-웨이

· 편도로 2장 주세요.

투 티켓츠, **원**-웨이 플리즈.
Two tickets, one-way please.

· 편도로 달라고 했어요.

아이 **쌔더 원**-웨이 티켓.
I said a one-way ticket.

· 이거 편도 표 아닌데요.

디스 이즈 **나러 원**-웨이 **티켓.**
This is not a one-way ticket.

· 이거 편도 표 맞아요?

이즈 **디써 원**-웨이 티켓?
Is this a one-way ticket?

· 이거 편도로 바꿀 수 있어
요?

캐나이 **췌**인쥐 디스 인**투** 어 **원**-웨
이 티켓?
Can I change this into a one-
way ticket?

08 왕복   round trip
라운 트립

· 왕복으로 한 장이요.

원 티켓, **롸**운 트립 플리즈.
One ticket, round trip please.

· 왕복으로 달라고 했어요.

아이 **쌔**더 **롸**운 트립 **티켓**.
I said a round trip ticket.

· 이거 왕복 표 아닌데요.

디스 이즈 **나**러 **롸**운 트립 **티켓**.
This is not a round trip ticket.

· 이거 왕복 표 맞아요?

이즈 **디스** 어 **롸**운 트립 티켓?
Is this a round trip ticket?

· 이거 왕복으로 바꿀 수 있어요?

캐**나**이 **췌**인쥐 디스 인**투** 어 **롸**운
트립 티켓?
Can I change this into a round
trip ticket?

전철
&
기차

---

09 일일 승차권 one-day pass
원-데이 패쓰

· 일일 승차권 한 장 주세요.　　**원, 원**-데이 **패쓰** 플리즈.
One, one-day pass please.

· 일일 승차권 얼마예요?　　**하우 머취** 이즈 **디 원**-데이 **패쓰**?
How much is the one-day pass?

10 여기 가는 표 　　ticket to
티켓 투

· 여기 가는 표 한 장이요.　　**원** 티켓 **투** 히어.
One ticket, to here.

· 그랜드 역으로 가는 표 한
　장이요.　　**원** 티켓 **투** 그뤤 스테이션.
One ticket, to Grand Station.

· 여기 가는 표 얼마예요?　　**하우 머취** 이즈 더 **티켓 투 히**어?
How much is the ticket to here?

11 시간표

timetable
타임테이블

· 시간표 어디서 봐요?

웨어 캐나이 씨 더 **타임테이블?**
Where can I see the timetable?

· 시간표 보여주세요.

쇼미 더 **타임테이블.**
Show me the timetable.

· 시간표가 복잡해요.

더 **타임테이블 이즈 투 컨퓨징.**
The timetable is too confusing.

· 시간표 보는 것 좀 도와주세요.

플리즈 헬미 루깻 디스 타임테이블.
Please help me look at this timetable.

전철
&
기차

12 승강장

platform
플랫폼

· 2번 승강장 어디예요?

웨어 이즈 플랫폼 투?
Where is platform two?

· 승강장을 못 찾겠어요.

아이 캔 퐈인 더 **플랫폼.**
I can't find the platform.

13 환승 🚈

transfer
트뤤스퍼

· 환승하는데 어디예요?

웨어 **두** 아이 **트뤤스퍼**?
Where do I transfer?

· 환승 여기서 해요?

두 **아**이 **트뤤스퍼** 히어?
Do I transfer here?

· 여기로 가려면 환승해야 돼요?

두 **아**이 **트뤤스퍼** 투 겟 히어?
Do I transfer to get here?

· 환승하려면 여기서 내려요?

두 아이 **게로프** 히어 투 **트뤤스퍼**?
Do I get off here to transfer?

14 내려요 🚃

get off
게로프

· 여기서 내리세요.

게로프 히어.
Get off here.

· 여기서 내리면 안 됩니다.

돈 게로프 히어.
Don't get off here.

· 여기서 내리면 되나요?　　두 **아**이 게**로프** 히**어**?
　　　　　　　　　　　　　Do I get off here?

· 이 역에서 내려야 됩니다.　**유** 가라 게**로프** 히**어**.
　　　　　　　　　　　　　You gotta get off here.

15 몇 호선

line
라인

전철
&
기차

· 여기 갈 건데 몇 호선 타　암 **고**잉 히**어**, 위치 **라**인 슈라이 테
　요?　　　　　　　　　　　**익**?
　　　　　　　　　　　　　I'm going here, which line
　　　　　　　　　　　　　should I take?

· 이 노선 타면 여기 가나요?　월 **디**스 라인 겟 **미** 히**어**?
　　　　　　　　　　　　　Will this line get me here?

· 이 노선으로 갈아 탈 거예　암 트**렌**스퍼링 **투** **디**스 **라**인.
　요.　　　　　　　　　　　I'm transferring to this line.

16 노선도 🚇 subway map
썹웨이 맵

· 노선도는 어디 있나요?

웨어 이즈 더 **썹**웨이 **맵**?
Where is the subway map?

· 노선도 하나 받을 수 있나요?

캐나이 게**러** **썹**웨이 **맵**?
Can I get a subway map?

· 노선도 보는 것 좀 도와주세요.

플리즈 **헬**미 **루**깻 디스 **썹**웨이 맵.
Please help me look at this
subway map.

17 자리 seat
씻

· 자리 있어요?

이즈 **디**스 **씻** 테이**큰**?
Is this seat taken?

· 여기 앉아도 되나요?

캐나이 **씻** 히**어**?
Can I sit here?

· 가방 좀 치워 주실래요?

쿠쥬 **무**브 유어 **백**?
Could you move your bag?

---

18 식당칸 🍴

diner
다이너

· 식당칸 있어요?

유 갓 어 다이너?
You got a diner?

· 식당칸 어디예요?

웨어 이즈 더 다이너?
Where is the diner?

· 식당칸에서 가까운 자리로
주세요.

아이 원 씻츠 클로스 투 더 다이너.
I want seats close to the diner.

전철 & 기차

19 일반석 🪑

coach class
코취 클래쓰

· 일반석으로 주세요.

아윌 게러 코취 클래쓰 씻.
I'll get a coach class seat.

· 일반석 남았어요?

유 스틸 가러 코취 클래쓰?
You still got a coach class?

· 일반석은 얼마예요?

하우 머취 이즈 더 코취 클래쓰?
How much is the coach class?

빨리찾아

09	방 키	room key 룸 키
10	짐	baggage 배기쥐
11	내 방	my room 마이 룸
12	수건	towel 타월
13	칫솔	toothbrush 투쓰브러쉬
14	베개	pillow 필로우
15	드라이기	dryer 드롸이어
16	욕조	bathtub 배쓰텁

호텔

17	물	water 워러
18	인터넷	internet 인터넷
19	텔레비전	television 텔레비전
20	청소	clean 클린
21	모닝콜	wake-up call 웨이껍 콜
22	룸 서비스	room service 룸 썰비쓰
23	개인 금고	safe 쎄이프
24	세탁	laundry 라운드뤼

25	얼음	ice 아이쓰
26	체크아웃	check-out 췌카웃
27	계산서	bill 빌
28	추가	extra 엑쓰트롸
29	미니바	minibar 미니바
30	요금	charge 촤쥐
31	신용카드	credit card 크뤠딧 카드
32	택시	taxi 택씨

호텔

호텔에서

01 예약

reservation
레저베이션

- 예약했어요.

  아이 가러 뤠저**베**이션.
  I got a reservation.

- 이 사이트로 예약했는데요.

  아이 가러 뤠저**베**이션 **뜨**루 디스 **웹**싸잇.
  I got a reservation through this website.

- 예약은 제 이름 이시원으로 했어요.

  아이 가러 뤠저**베**이션 언덜 **마**이 네임, 시원 리.
  I got a reservation under my name, Siwon Lee.

02 체크인 🗒️

check-in
췌킨

· 체크인하려고요.	**췌킨**, 플리즈. Check-in, please.
· 체크인은 몇 시에 하나요?	왓 **타임** 이즈 더 **췌킨**? What time is the check-in?
· 체크인하기 전에 짐 맡아 주세요.	**킵** 마이 **배기쥐** 비**포** 아이 **췌킨**, 플 리즈. Keep my baggage before I check-in, please.

호텔

03 침대 🛏️

bed
베드

· 싱글 침대로 주세요.	어 **씽글 베드**, 플리즈. A single bed, please.

· 더블 침대로 주세요. ··· 어 **더블 베드**, 플리즈.
A double bed, please.

· 트윈 침대로 주세요. ··· **트윈 벳스**, 플리즈.
Twin beds, please.

· 트윈 침대를 하나로 붙여줘 ··· **겟** 미 **트윈 벳스**, 벗 애즈 **원**.
요. ··· Get me twin beds, but as one.

· 제일 큰 침대 주세요. ··· **겟** 미 더 **비기스트 베드**.
Get me the biggest bed.

04 전망 view
뷰

· 바다 전망으로 주세요. ··· **아**이 워**넌 오**션 **뷰**.
I want an ocean view.

· 도심 전망으로 주세요. ··· **아**이 워너 **씨**리 **뷰**.
I want a city view.

· 전망 좋은 데로 주세요. ··· **아**이 워너 **룸** 위더 **나이쓰 뷰**.
I want a room with a nice view.

· 전망이 별로예요.

더 **뷰** 이즌 **굿** 이너프.
The view isn't good enough.

05 조식 🍴

breakfast
브렉퍼스트

· 조식은 어디서 먹어요?

웨어 두 **아**이 햅 브렉퍼스트?
Where do I have breakfast?

· 조식은 몇 시예요?

왓 타임 이즈 더 브렉퍼스트?
What time is the breakfast?

· 조식 몇 시까지예요?

왓 타임 더즈 브렉퍼스트 **엔드**?
What time does breakfast end?

호텔

06 얼마 💰?

How much
하우 머취

· 1박에 얼마예요?

하우 머취 이짓 포 원 **나잇**?
How much is it for one night?

· 2박에 얼마예요?

하우 머취 이**짓** 포 **투** 나잇츠?
How much is it for two nights?

· 할인 받을 수 있어요?

캐**나**이 게러 **디**스카운트?
Can I get a discount?

· 조식 포함하면 얼마예요?

하우 머취 이**짓** 인클루딩 브**뤡**퍼
스트?
How much is it including
breakfast?

· 업그레이드 하면 얼마예
요?

하우 머취 이**짓** 포**런** **업**그뤠이드?
How much is it for an upgrade?

07 엘리베이터 **elevator**
엘리베이러

· 엘리베이터가 안 열려요.

디 **엘**리베이러 원 **오**픈.
The elevator won't open.

· 로비층 버튼이 어떤 거죠?

위치 원 이즈 더 **러**비 벗**튼**?
Which one is the lobby button?

08 몇 층 2F 3F?

which floor
위치 플로어

· 얼음 몇 층에 있어요?
위치 플로어 해즈 **디 아**이쓰?
Which floor has the ice?

· 자판기 몇 층에 있어요?
위치 플로어 해저 **벤딩 머쉰?**
Which floor has a vending machine?

· 수영장 몇 층에 있어요?
위치 플로어 해즈 **더 스위밍 풀?**
Which floor has the swimming pool?

· 운동하는 데 몇 층에 있어요?
위치 플로어 해즈 **더 쥠?**
Which floor has the gym?

· 스파 몇 층에 있어요?
위치 플로어 해즈 **더 스파?**
Which floor has the spa?

· 1층이에요.(1st floor)
잇츠 **더 펄스트 플로어.**
It's the first floor.

호텔

· 2층이에요.(2nd floor)

잇츠 더 **세컨** 플로어.
It's the second floor.

· 3층이에요.(3rd floor)

잇츠 더 **써드** 플로어.
It's the third floor.

· 4층이에요.(4th floor)

잇츠 더 **폴쓰** 플로어.
It's the fourth floor.

09 방 키 🔑

room key
룸 키

· 방 키 하나 더 주세요.

캐나이 겟 **원** 모어 룸 **키**?
Can I get one more room key?

· 방 키 없어졌어요.

마이 룸 **키** 이즈 **건**.
My room key is gone.

· 방 키가 안 돼요.

마이 **룸 키** 이즈 낫 **월킹**.
My room key is not working.

· 방 키 어떻게 꽂아요?

하우 두 아이 풋 더 **룸** 키 **인**?
How do I put the room key in?

10 짐 🧳

baggage
배기쥐

· 짐 맡길 수 있어요? **캔 유 킵** 마이 **배기쥐**?
Can you keep my baggage?

· 짐 올려 주실 수 있어요? **캔 유** 무범 마이 **배기쥐**?
Can you move up my baggage?

· 이거 제 짐이 아니에요. **디스** 이즈 **낫** 마이 **배기쥐**.
This is not my baggage.

· 제 짐이 없어졌어요. 마이 **배기쥐** 이즈 **건**.
My baggage is gone.

· 제 짐 좀 찾아 주세요. **플리즈 퐈인** 마이 **배기쥐**.
Please find my baggage.

호텔

11 내 방 🚪

my room
마이 룸

· 내 방이 어두워요. 마이 **룸** 이즈 **투 다크**.
My room is too dark.

· 내 방이 너무 밝아요.

마이 **룸** 이즈 **투** 브롸잇.

My room is too bright.

· 내 방이 너무 더워요.

마이 **룸** 이즈 **투 핫**.

My room is too hot.

· 내 방이 너무 추워요.

마이 **룸** 이즈 **투 콜드**.

My room is too cold.

· 내 방에서 냄새나요.

마이 **룸** 이즈 **스멜리**.

My room is smelly.

12 수건 ⊜

towel
타월

· 수건 더 주세요.

모어 타월스, 플리즈.

More towels, please.

· 수건이 없어요.

아이 **갓** 노 **타월스**.

I got no towels.

· 수건이 더러워요.

마이 **타월스** 알 **더리**.

My towels are dirty.

· 수건 깨끗한 걸로 주세요.　　아이 **원 클린 타월스**.
　　　　　　　　　　　　　　 I want clean towels.

· 큰 수건으로 주세요.　　　　아이 **원 비거 타월스**.
　　　　　　　　　　　　　　 I want bigger towels.

13 칫솔 　　　　　　 toothbrush
　　　　　　　　　　　　　 투쓰브러쉬

· 칫솔이 없어요.　　　　　　아이 **갓 노 투쓰브러쉬**.
　　　　　　　　　　　　　　 I got no toothbrush.

· 칫솔 하나 주세요.　　　　　**겟** 미 어 **투쓰브러쉬**.
　　　　　　　　　　　　　　 Get me a toothbrush.

· 칫솔 하나 더 주세요.　　　　**겟** 미 **원 모어 투쓰브러쉬**.
　　　　　　　　　　　　　　 Get me one more toothbrush.

· 치약 주세요.　　　　　　　**겟** 미 **썸 투쓰페**이스트.
　　　　　　　　　　　　　　 Get me some toothpaste.

· 어린이용 칫솔 주세요.　　　**겟** 미 어 **투쓰브러쉬 포 키즈**.
　　　　　　　　　　　　　　 Get me a toothbrush for kids.

· 어린이용 치약 있어요?　　　유 **갓 투쓰페**이스트 **포 키즈**?
　　　　　　　　　　　　　　 You got toothpaste for kids?

호텔

14 베개

pillow
필로우

· 베개 하나 더 주세요.

겟 미 **원** 모어 **필로우.**
Get me one more pillow.

· 베개가 너무 딱딱해요.

마이 **필로우** 이즈 **투 하드.**
My pillow is too hard.

· 베개가 너무 높아요.

마이 **필로우** 이즈 **투 띡.**
My pillow is too thick.

· 베개가 너무 낮아요.

마이 **필로우** 이즈 **투 띤.**
My pillow is too thin.

15 드라이기

dryer
드롸이어

· 드라이기가 고장 났어요.

더 **드롸이어** 이즈 브**뤄**큰.
The dryer is broken.

· 드라이기가 잘 안 돼요.

더 **드롸이어** 이즈 **낫 월**킹.
The dryer is not working.

16 욕조 🛁

bathtub
배쓰텁

· 욕조가 더러워요.

마이 **배쓰텁** 이즈 **더리**.
My bathtub is dirty.

· 욕조 좀 닦아 주세요.

클린 마이 **배쓰텁** 플리즈.
Clean my bathtub, please.

· 욕조의 물이 안 빠져요.

더 **워러** 인 더 **배쓰텁** 원 고 다운.
The water in the bathtub won't
go down.

17 물 🥛

water
워러

호텔

· 물이 안 나와요.

데얼즈 썸띵 륑 윗더 **워러** 탭.
There's something wrong with
the water tap.

· 물이 너무 뜨거워요.

더 **워러** 이즈 **투 핫**.
The water is too hot.

· 물이 너무 차가워요.

더 **워러** 이즈 **투 콜드**.
The water is too cold.

· 물 온도 조절이 안 돼요.

아이 **캔** 어드줘쓰 더 **워러 템**펄쳐.
I can't adjust the water temperature.

· 샤워기에서 물이 안 나와요.

데얼즈 노 워러 **커**밍 **아웃** 프롬 **더** 샤워.
There's no water coming out from the shower.

· 변기 물이 안 내려가요.

더 **토일렛** 원 플러쉬.
The toilet won't flush.

18 인터넷 📶

internet
인터넷

· 인터넷이 안 돼요.

디 **인터넷** 이즈 **낫 월**킹.
The internet is not working.

· 와이파이가 안 터져요.

아이 **캔** 겟 더 **와**이파이.
I can't get the Wifi.

19 텔레비전 📺

television
텔레비전

· 텔레비전이 안 나와요.

더 **텔레비전** 이즈 **낫** 월킹.
The television is not working.

· 리모컨이 안 돼요.

더 **티뷔 뤼못** 컨트롤 이즈 **낫** 월킹.
The TV remote control is not working.

20 청소 🧹

clean
클린

· 청소해 주세요.

클린 마이 **룸**.
Clean my room.

· 청소가 안 되어 있어요.

노바리 클린드 마이 **룸**.
Nobody cleaned my room.

· 청소 안 해주셔도 됩니다.

유 **돈 햅** 투 클린 마이 **룸**.
You don't have to clean my room.

호텔

· 오후에 청소해 주세요.

클린 마이 **룸** 디스 **애**프터눈.
Clean my room this afternoon.

· 화장실 청소가 안 되어
있어요.

노바리 클린드 더 **뤠**쓰룸.
Nobody cleaned the restroom.

· 쓰레기통이 안 비워져
있어요.

더 **러**비쉬 **빈** 이즈 **낫** 엠티.
The rubbish bin is not empty.

21 모닝콜 ☀️👂   **wake-up call**
웨이껍 콜

· 모닝콜 해 주세요.

아이 원 어 **웨**이껍 콜.
I want a wake-up call.

· 7시에 해주세요.

메이낏 앳 **쎄**븐.
Make it at seven.

· 모닝콜 취소할게요.

아이 **워**너 **캔**쓸 마이 **웨**이껍 콜.
I wanna cancel my wake-up
call.

· 모닝콜 연달아 두 번 해
주세요.

아이 원 **투 웨**이껍 콜 인 어 **뤄**우.
I want two wake-up calls in a
row.

22 룸 서비스

room service
룸 썰비쓰

· 룸 서비스 시킬게요.

아이 워너 **오**러 룸 썰비쓰.
I wanna order room service.

· 룸 서비스 메뉴 보고
싶어요.

아이 워너 **씨** 더 룸 썰비쓰 **메**뉴.
I wanna see the room service
menu.

· 룸서비스로 아침 갖다
주세요.

아이 **원** 마이 브렉퍼스트 브륏 업
투 마이 **룸**.
I want my breakfast brought up
to my room.

· 룸 서비스로 레드와인
한 병 갖다 주세요.

아이 **원** 썸 **와**인 브륏 업 투 마이
룸.
I want some wine brought up to
my room.

호텔

23 개인 금고 (보관함)

safe
쎄이프

· 개인 금고는 어떻게 써요?
하우 두 아이 유즈 더 쎄이프?
How do I use the safe?

· 개인 금고가 안 열려요.
더 쎄이프 원 오픈.
The safe won't open.

· 개인 금고에 뭐가 있어요.
데얼즈 썸띵 인 더 쎄이프.
There's something in the safe.

24 세탁

laundry
라운드뤼

· 세탁 서비스 신청할게요.
아이 원 어 라운드뤼 써비스.
I want a laundry service.

· 세탁 서비스는 언제 와요?
웬 이즈 더 라운드뤼 써비스 커밍?
When is the laundry service coming?

· 세탁물이 망가졌어요.
마이 라운드뤼 이즈 데미쥐드.
My laundry is damaged.

25 얼음 ＆

ice
아이쓰

· 얼음이 없어요.

데얼즈 **노 아**이쓰.
There's no ice.

· 얼음 어디서 가져와요?

웨어 두 **아**이 겟 디 **아**이쓰?
Where do I get the ice?

· 얼음 좀 갖다 주세요.

겟 미 썸 **아**이쓰.
Get me some ice.

26 체크아웃

check-out
췌카웃

· 체크아웃 할게요.

췌카웃, 플리즈.
Check-out, please.

· 체크아웃 몇 시예요?

왓 **타**임 이즈 **더 췌**카웃?
What time is the check-out?

· 하루 더 연장할게요.

아워너 익**스**텐드 **원 모**어 데이.
I wanna extend one more day.

· 체크아웃 좀 있다 할게요.

아워너 **췌**카웃 **레**이러.
I wanna check-out later.

27 계산서 📄

bill
빌

· 계산서 보여 주세요.

쇼미 더 **빌**.
Show me the bill.

· 계산서가 틀렸어요.

더 **빌** 이즈 **륑**.
The bill is wrong.

28 추가 ➕

extra
엑쓰트롸

· 추가 요금이 붙었는데요.

히얼스 디 **엑쓰트롸 촤쥐**.
Here's the extra charge.

· 어떤 게 추가된 거예요?

왓츠 디 **엑쓰트롸 촤쥐 히**어?
What's the extra charge here?

· 이 추가 요금 설명해
주세요.

익스플레인 디스 **엑스트롸 촤쥐**.
Explain this extra charge.

29 미니바 🔲   minibar
미니바

· 미니바 이용 안 했는데요.

아이 **디**든 유즈 더 **미**니바.
I didn't use the minibar.

· 미니바에서 물만 마셨어요.

아이 **온**리 해드 **워**러 프롬 더 **미**니
바.
I only had water from the
minibar.

· 미니바에서 맥주만 마셨어
요.

아이 **온**리 해**더 비**어 프롬 더 **미**니
바.
I only had a beer from the
minibar.

· 미니바 요금이 잘못 됐어
요.

더 **미**니바 **촤**쥐 이즈 **낫 롸**잇.
The minibar charge is not right.

호텔

30 요금

charge
촤쥐

· 이 요금은 뭐죠?

왓츠 디스 **촤쥐** 포?
What's this charge for?

· 요금이 더 나온 거
같은데요.

아이 **띵크** 디스 어**마운트 이**즌 **롸**
잇.
I think this amount isn't right.

· 요금 합계가 틀렸어요.

더 **토**럴 **촤쥐** 더즌 애**덥**.
The total charge doesn't add
up.

31 신용카드 💳

credit card
크뤠딧 카드

· 신용카드 안 긁혀요.

유어 크뤠딧 **카드** 더즌 **웍**.
Your credit card doesn't work.

· 다른 신용카드 없어요.

아이 **돈 해**배니 아덜 크뤠딧 **카드**.
I don't have any other credit
card.

기내 30p   공항 42p   거리 64p   택시&버스 78p   전철&기차 92p

132

· 한번 더 긁어 봐 주세요.　　　플리즈 트롸이 **원** 모어 **타**임.
　　　　　　　　　　　　　　　Please try one more time.

· 할인 없나요?　　　　　　　캐나이 게러 **디**스카운트?
　　　　　　　　　　　　　　　Can I get a discount?

32 택시 🚗　　　　　　**taxi**
　　　　　　　　　　　　　　택씨

· 택시 좀 불러 주세요.　　　　플리즈 콜 **어** 택씨.
　　　　　　　　　　　　　　　Please call a taxi.

· 택시로 어디 가시나요?　　　　**웨**어 아유 거나 **고**?
　　　　　　　　　　　　　　　Where are you gonna go?

호텔

빨리찾아

09	수프	soup 쑵
10	샐러드	salad 쌜러드
11	스테이크	steak 스테익
12	해산물	seafood 씨푸드
13	닭	chicken 취킨
14	포크	fork 폴크
15	나이프	knife 나이프
16	디저트	dessert 디절트

식당

17	음료	drink 드링크
18	휴지	napkin 냅킨
19	계산서	check 쳌
20	팁	tip 팁
21	세트	combo meal 콤보 밀
22	단품	single menu 싱글 메뉴
23	햄버거	burger 버거
24	감자칩	chips 칩스

25	콜라	Coke 코크
26	여기서 먹을거예요	for here 폴 히어
27	포장이요	to go 투 고
28	소스	sauce 쏘스
29	얼음	ice 아이쓰
30	빨대	straw 스트로
31	냅킨	napkin 냅킨
32	뜨거운	hot 핫

식당

33	차가운	iced 아이쓰드
34	우유	milk 미역
35	시럽	syrup 씨뤕
36	휘핑크림	whipped cream 윕드 크림
37	사이즈	size 싸이즈
38	추가	extra 엑쓰트롸
39	케이크	cake 케익
40	샌드위치	sandwich 쌘드위치

식당

식당에서

01 두 명이요 👫

two
투

· 두 명이요.

어 **테**이블 포 **투**.
A table for two.

· 혼자예요.

온리 미.
Only me.

02 예약 🐛

reservation
뤠저**베**이션

· 예약했어요.

아이 가러 뤠저**베**이션.
I got a reservation.

· 예약 안 했어요.

아이 갓 **노** 뤠저**베**이션.
I got no reservation.

· 두 명으로 예약했어요.

아이 가러 뤠저**베**이션 포 **투**.
I got a reservation for two.

· 이시원으로 예약했어요.　**아**이 가러 뤠저**베**이션 언더 **네**임 시원 리.
I got a reservation under name Siwon Lee.

03 테이블 ♀

table
테이블

· 테이블이 더러워요.　더 **테**이블 이즈 **투** 더리.
The table is too dirty.

· 테이블 좀 닦아 주세요.　**클**린 더 **테**이블, 플리즈.
Clean the table, please.

· 테이블이 조금 흔들거려요.　더 **테**이블 이즈 **워**블링.
The table is wobbling.

· 테이블이 너무 좁아요.　더 **테**이블 이즈 **투** 스몰.
The table is too small.

식당

호텔 108p　　식당 134p　　관광 170p　　쇼핑 192p　　귀국 212p

· 다른 자리로 주세요.

겟 미 어**나덜 테**이블.
Get me another table.

· 창가 자리로 주세요.

겟 미 어 **테**이블 니어 **더 윈**도우.
Get me a table near the window

04 웨이터 (여기요)

waiter
웨이러

· 제 웨이터를 불러줘요.

콜 마이 **써**버.
Call my server.

· 매니저를 불러 줘요.

콜 더 **매**니저.
Call the manager.

· 매니저랑 얘기할래요.

아이 워너 스**픽 투 더 매**니저.
I wanna speak to the manager.

05 주문

order
오러

· 주문 하시겠어요?
월 유 오러?
Will you order?

· 주문할 준비됐어요.
암 뤠리 투 오러.
I'm ready to order.

· 주문했는데요.
아이 올뤠리 오러드.
I already ordered.

· 저 주문 오래 전에 했어요.
아이 올뤠리 오러드 마인 에이쥐
스 어고.
I already ordered mine ages
ago.

06 메뉴

menu
메뉴

· 메뉴 어떤 걸로 하실래요?
왓 우쥬 라익 프롬 더 메뉴?
What would you like from the
menu?

식당

· 특별한 메뉴가 있나요?

유 갓 애니띵 스페셜?
You got anything special?

· 오늘의 메뉴는 뭐죠?

왓츠 투데이스페셜?
What's today's special?

· 메뉴 잘못 나왔어요.

아이 갓 **더 륑 메뉴.**
I got the wrong menu.

07 추천 👍

recommendation
레커멘데이션

· 메뉴 추천해주실래요?

쿠쥬 기버스 썸 뤠커먼데이션스?
Could you give us some
recommendations?

· 이 둘 중 어떤 걸 추천해
요?

위치 원 오브 **디즈 투 두 유 뤠커
멘**?
Which one of these two do you
recommend?

· 와인 추천해주세요.

레커멘더 나이쓰 와인, 플리즈.
Recommend a nice wine,
please.

08 에피타이저

appetizer
에피타이저

· 에피타이저는 어떤 걸로 하실래요?

왓 우쥬 라익 포 유어 에피타이저?
What would you like for your
appetizer?

· 에피타이저 추천해 주실래요?

쿠쥬 레커멘던 에피타이저?
Could you recommend an
appetizer?

09 수프

soup
쑵

· 수프는 어떤 게 있죠?

왓 카인도브 쑵스 유 갓?
What kind of soups you got?

식당

· 오늘의 수프는 뭐죠?

왓츠 투데이스 **쑵**?
What's today's soup?

· 수프가 너무 뜨거워요.

마이 **쑵** 이즈 **투** 핫.
My soup is too hot.

· 수프가 너무 차가워요.

마이 **쑵** 이즈 **투** 콜드.
My soup is too cold.

· 수프 대신 샐러드 주세요.

아이 원 **쌜러드** 인스테도브 **쑵**.
I want salad instead of soup.

10 샐러드 🥗

salad
쌜러드

· 샐러드 종류가 어떻게 되나요?

왓 **카인도브 쌜러드** 유 **갓**?
What kind of salad you got?

· 그냥 기본 샐러드 주세요.

아일 해버 **하우스 쌜러드**.
I'll have a house salad.

· 샐러드 드레싱은 뭐가 있어요?

왓 두 유 **햅** 포 더 **쌜러드** 드뤠씽?
What do you have for the salad dressing?

· 샐러드 드레싱은 따로 주세요. 더 드뤠씽 온 **더 싸**이드, 플리즈.
The dressing on the side, please.

· 제 샐러드 아직 안 나왔어요. 마이 쌜러드 **해**즌 컴 아웃 옛.
My salad hasn't come out yet.

11 스테이크 8 **steak**
스테익

· 스테이크로 할게요. **아**윌 햅 스테익.
I'll have steak.

· 스테이크 굽기는 어떻게 해 드릴까요? 하우**쥬 라**익 유어 스테**익**?
How would you like your steak?

· 레어로 해주세요. **뤠**어, 플리즈.
Rare, please.

· 미디엄으로 해주세요. **미**디엄, 플리즈.
Medium, please.

· 웰던으로 해주세요. 웰 **던**, 플리즈.
Well done, please.

식당

호텔 108p   식당 134p   관광 170p   쇼핑 192p   귀국 212p

· 이거 너무 익었어요.　　　　**디스** 이즈 **오**버쿡드.
　　　　　　　　　　　　　This is overcooked.

· 이거 너무 덜 익었어요.　　　**디스** 이즈 **투 언**더쿡드.
　　　　　　　　　　　　　This is too undercooked.

12 해산물 　　　　**seafood**
　　　　　　　　　　씨푸드

· 해산물 요리로 할게요.　　　아월 **햅 씨**푸드.
　　　　　　　　　　　　　I'll have seafood.

· 해산물 알레르기가 있어요.　**아**이 해버 **씨**푸드 **알**러쥐.
　　　　　　　　　　　　　I have a seafood allergy.

· 어떤 해산물 요리 추천해　　**위**치 씨푸드 두 **유** 뤠커**멘**?
　요?　　　　　　　　　　Which seafood do you
　　　　　　　　　　　　　recommend?

13 닭 chicken
취킨

· 닭 요리로 할게요.
아월 햅 **취킨**.
I'll have chicken.

· 닭 요리로 추천해 주세요.
쿠쮸 뤠커멘더 **취킨 메뉴**?
Could you recommend a
chicken menu?

14 포크 fork
폴크

· 포크 떨어뜨렸어요.
아이 드랍드 마이 **폴크**.
I dropped my fork.

· 포크에 뭐가 묻어있어요.
데얼즈 **썸**띵 온 마이 **폴크**.
There's something on my fork.

식당

· 포크 하나 더 주세요.
아이 **원 원** 모어 **폴크**.
I want one more fork.

15 나이프

knife
나이프

- 나이프 떨어뜨렸어요.

아이 드랍드 마이 **나**이프.
I dropped my knife.

- 나이프에 뭐가 묻어있어요.

데얼즈 **썸**띵 온 마이 **나**이프.
There's something on my knife.

- 나이프 하나 더 주세요.

아이 원 원 모어 **나**이프.
I want one more knife.

16 디저트

dessert
디절트

- 디저트 뭐 있어요?

왓 **카**인도브 디절트 유 **갓**?
What kind of dessert you got?

- 이제 디저트 먹을게요.

아월 햅 더 디절트 나우.
I'll have the dessert now.

- 달지 않은 디저트 있어요?

유 **갓** 애니띵 쎄미스윗?
You got anything semisweet?

· 아이스크림 종류는 뭐 있 어요?

왓 플레이버 유 갓 포 **아**이스크림?

What flavors you got for ice cream?

· 그냥 디저트는 안 먹을게요.

아윌 스**킵** 더 디**절**트.

I'll skip the dessert.

17 음료 🥤 drink
드륑크

· 음료는 어떤 게 있어요?

왓 **카**인도브 드**륑**스 유 **갓**?

What kind of drinks you got?

· 그냥 물 주세요.

아윌 **저**스 햅 **워**러.

I'll just have water.

· 탄산수 주세요.

아윌 해**버** 스**파**아클링**워**러.

I'll have a sparkling water.

· 콜라 주세요.

아윌 해**버** **코**크.

I'll have a Coke.

· 사이다 주세요.

아윌 해**버** 스프**롸**잇.

I'll have a Sprite.

식당

· 맥주 주세요.   아윌 해**버** 비어.
I'll have a beer.

· 와인 한 잔 주세요.   아윌 해**버** 글래쓰 오브 **와**인.
I'll have a glass of wine.

· 얼음 많이 주세요.   푸러 **랏** 오브 **아**이쓰, 플리즈.
Put a lot of ice, please.

18 휴지 🧻   **napkin**
냅킨

· 휴지 주세요.   **겟** 미 **냅**킨즈.
Get me napkins.

· 휴지 더 주세요.   **겟** 미 **모**어 **냅**킨즈.
Get me more napkins.

· 화장실에 휴지가 없어요.   데얼즈 **노** 토일렛 **페**이퍼 인 **더 뤠**
쓰룸.
There's no toilet paper in the
restroom.

· 물티슈 있어요?

You got some wet tissue?
유 **갓** 썸 **웻** 티**쓔**?

19 계산서

check
췍

· 계산할게요.

췍, 플리즈.
Check, please.

· 계산서 주실래요?

캐**나**이 햅 마이 **췍**?
Can I have my check?

· 계산서가 잘못 됐어요.

썸띵 이즈 **륑** 윗 마이 **췍**.
Something is wrong with my check.

· 이 메뉴 안 시켰는데요.

아이 **네**버 **오**럴드 디스 **메**뉴.
I never ordered this menu.

· 세금 포함한 금액이에요?

이즈 **택**스 인**클**루디드 인 **디**스?
Is tax included in this?

식당

20 팁

tip
팁

· 팁 여기요.

히얼즈 마이 **팁.**
Here's my tip.

· 팁은 포함 안 되어 있습니다.

더 **팁** 이즈 **낫** 인클루디드.
The tip is not included.

· 팁은 테이블 위에 두었어요.

아이 **레프트** 유어 **팁** 온 **더 테**이블.
I left your tip on the table.

21 세트

combo meal
콤보 밀

· 5번 세트 주세요.

아월 햅 **밀** 넘**버 파**이브.
I'll have meal number five.

· 세트 가격이에요?

이즈 **디써 콤보 프롸**이쓰?
Is this a combo price?

22 단품

single menu
싱글 메뉴

· 아니요, 단품으로요.

노, 싱글 메뉴.
No, single menu.

· 단품 가격이에요?

이즈 디스 더 **프롸**이쓰 포러 **싱글 아이템?**
Is this the price for a single item?

23 햄버거

burger
버거

· 햄버거 하나만 할게요.

아윌 **저쓰** 해**버** **버**거.
I'll just have a burger.

· 햄버거로만 두 개요.

투 버거스, 플리즈.
Two burgers, please.

· 햄버거 하나에 얼마예요?

하우 머춰 포 **원** 버거?
How much for one burger?

식당

24 감자칩 chips
췹스

· 감자칩만 하나 할게요.

아윌 **저**쓰 햅 **췹**스.
I'll just have chips.

· 감자칩 큰 걸로요.

아윌 햅 **췹**스, 랄쥐 **싸**이즈.
I'll have chips, large size.

· 감자칩만 얼마예요?

하우 머취 포 **저**쓰 **췹**스?
How much for just chips?

25 콜라 Coke
코크

· 콜라 주세요.

아윌 해**버** **코**크.
I'll have a Coke.

· 다이어트 콜라로 주세요.

아윌 해**버** **다**이엇 **코**크.
I'll have a diet Coke.

26 여기서
먹을 거예요

for here
폴 히어

· 드시고 가세요,
  아니면 가져가세요?

이짓 폴 히어 올 투 고?
Is it for here or to go?

· 여기서 먹을 거예요.

잇츠 폴 히어.
It's for here.

27 포장이요

to go
투 고

· 포장이에요.

투 고.
To go.

· 감자칩만 포장해주세요.

칩스 투 고, 플리즈.
Chips to go, please.

· 햄버거만 포장해 주세요.

어 버거 투 고, 플리즈.
A burger to go, please.

식당

28 소스 🧂

sauce
쏘스

· 소스는 뭐뭐 있어요?

왓 **카**인도브 **쏘스** 유 갓?
What kind of sauce you got?

· 다른 소스 있어요?

유 **갓 디**퍼런 **쏘스**?
You got different sauce?

· 그냥 케첩 주세요.

아월 **저**쓰 햅 **켓첩**.
I'll just have ketchup.

· 머스타드 소스 주세요.

아월 햅 **머**스타드.
I'll have mustard.

· 바비큐 소스 주세요.

아월 햅 **발**비큐 **쏘스**.
I'll have barbeque sauce.

· 칠리 소스 주세요.

아월 햅 **췰**리 **쏘스**.
I'll have chili sauce.

· 소스는 따로 주세요.

쏘스 온 더 **싸**이드, 플리즈.
Sauce on the side, please.

· 소스 많이 주세요.

어 **랏** 오브 **쏘스**, 플리즈.
A lot of sauce, please.

· 소스 더 주세요.　　　　　　**모**어 **쏘**스, 플리즈.
　　　　　　　　　　　　　More sauce, please.

29 얼음

ice
아이쓰

· 얼음 많이 주세요.　　　　　어 **랏** 오브 **아**이쓰, 플리즈.
　　　　　　　　　　　　　A lot of ice, please.

· 얼음 조금만 주세요.　　　　어 **리**를 비로브 **아**이쓰, 플리즈.
　　　　　　　　　　　　　A little bit of ice, please.

· 얼음 너무 많아요.　　　　　**투** 머취 **아**이쓰.
　　　　　　　　　　　　　Too much ice.

· 얼음 빼고 주세요.　　　　　**노 아**이쓰, 플리즈.
　　　　　　　　　　　　　No ice, please.

식당

30 빨대

straw
스트로

· 빨대 어디 있어요?　　　　　**웨**어 아더 스트**로**우스?
　　　　　　　　　　　　　Where are the straws?

· 빨대 안 주셨는데요.

유 네버 갓 미 어 스트로.

You never got me a straw.

· 빨대가 없어요.

데얼즈 노 스트로 히어.

There's no straw here.

31 냅킨

napkin
냅킨

· 냅킨 더 주세요.

모어 냅킨즈, 플리즈.

More napkins, please.

· 여기 냅킨 없어요.

노 냅킨즈 히어.

No napkins here.

32 뜨거운

hot
핫

· 뜨거운 아메리카노
한 잔이요.

원 핫 아메뤼카노.

One hot Americano.

· 뜨거운 라떼 한 잔이요.

원 핫 라테이.

One hot Latte.

· 머그에 뜨거운 물 좀 주세요. | **겟** 미 썸 **핫** 워러 이너 머그, 플리즈.
Get me some hot water in a mug, please.

33 차가운

iced
아이쓰드

· 아이스 아메리카노 한 잔이요. | 원 **아이쓰드** 아메뤼카노.
One iced Americano.

· 아이스 라떼 한 잔이요. | 원 **아이쓰드** 라테이.
One iced Latte.

· 얼음물 주세요. | **겟** 미 썸 **아이쓰드** 워러, 플리즈.
Get me some iced water, please.

식당

34 우유 🥛

milk
미역

· 우유 많이 넣어 주세요.　　위더 **랏** 오브 **미역**.
　　　　　　　　　　　　　　With a lot of milk.

· 우유 어떤 걸로 드릴까요?　왓 **카**인도브 **미역** 우쥬 **라**익?
　　　　　　　　　　　　　　What kind of milk would you
　　　　　　　　　　　　　　like?

· 무지방 우유로 넣어주세요.　**메**이킷 **넌**–팻.
　　　　　　　　　　　　　　Make it non-fat.

· 저지방 우유로 주세요.　　　**메**이킷 **로**우–팻.
　　　　　　　　　　　　　　Make it low-fat.

· 두유로 주세요.　　　　　　**쏘**이 **미**역, 플리즈.
　　　　　　　　　　　　　　Soy milk, please.

35 시럽 🍯

syrup
씨뤕

· 시럽 넣어 드려요?　　　　두 **유** 원 **씨뤕** 이닛?
　　　　　　　　　　　　　　Do you want syrup in it?

· 시럽 빼주세요.　　　　　　**노 씨럽**, 플리즈.
No syrup, please.

· 시럽 조금만 넣어주세요.　　어 **리**를 빗 오브 **씨럽**, 플리즈.
A little bit of syrup, please.

· 바닐라 시럽 넣어주세요.　　버**닐러 씨럽**, 플리즈.
Vanilla syrup, please.

· 헤이즐넛 시럽 넣어주세요.　**헤**이즐넛 **씨럽**, 플리즈.
Hazelnut syrup, please.

· 시럽 어디 있어요?　　　　　**웨**얼 이즈 **더 씨럽**?
Where is the syrup?

36 휘핑크림 　whipped cream
웁드 크림

식당

· 휘핑크림 올려드릴까요?　　두 **유** 원 썸 **웁**드 크림 오**닛**?
Do you want some whipped
cream on it?

· 휘핑크림 빼주세요.　　　　**노 웁**드 크림.
No whipped cream.

· 휘핑크림 조금만요.

어 **리**를 빗 오브 **윕**드 크림.
A little bit of whipped cream.

· 휘핑크림 많이 주세요.

어 **랏** 오브 **윕**드 크림.
A lot of whipped cream.

37 사이즈

size
싸이즈

· 사이즈 어떤 걸로 드려요?

위치 **싸이즈** 우쥬 라**익**?
Which size would you like?

· 사이즈 어떤 거 있어요?

왓 싸이시즈 두 유 **햅**?
What sizes do you have?

· 제일 큰 거 주세요.

아윌 햅 **더 비**기스트 원.
I'll have the biggest one.

· 제일 작은 거 주세요.

아윌 햅 **더** 스몰리스트 원.
I'll have the smallest one.

38 추가 ➕

extra
엑쓰트롸

· 에스프레소 샷 추가해 주세요. | **아**윌 햅 **원 엑**쓰트롸 에스**프**레쏘 **샷**.
I'll have one extra espresso shot.

· 휘핑 크림 추가해 주세요. | **아**윌 햅 **엑**쓰트롸 **윕**드 크림.
I'll have extra whipped cream.

· 시럽 추가해 주세요. | **아**윌 햅 **엑**쓰트롸 **씨**뤕.
I'll have extra syrup.

· 라떼 거품 많이요. | **아**윌 햅 **엑**쓰트롸 **폼** 인 마이 라**테**이.
I'll have extra foam in my latte.

· 우유 많이요. | **아**윌 햅 **엑**쓰트롸 **미**역.
I'll have extra milk.

· 계피 가루 많이요. | **아**윌 햅 **엑**쓰트롸 **씨**나먼 **파**우더.
I'll have extra cinnamon powder.

식당

39 케이크 cake
케잌

· 케이크 종류 뭐 있어요?

왓 카인도브 케익 유 **갓**?
What kind of cake you got?

· 이 케이크는 얼마예요?

하우 머취 이즈 디스 케**익**?
How much is this cake?

· 한 조각 주세요.

아월 **햅 원** 피쓰.
I'll have one piece.

· 초콜릿 케이크 주세요.

아월 해**버 춰콜릿** 케익.
I'll have a chocolate cake.

· 치즈 케이크 주세요.

아월 **햅 취**즈 케익.
I'll have cheesecake.

40 샌드위치 sandwich
쌘드위치

· 샌드위치 있어요?

유 **갓 쌘드위치**스?
You got sandwiches?

· 샌드위치 뭐 있어요?	왓 **카**인도브 **쌘**드위치스 유 **갓**? What kind of sandwiches you got?
· 빵 종류는 어떤 걸로 드릴까요?	왓 **타**입 오브 브**뤠**드 두 유 **원**? What type of bread do you want?
· 그냥 밀가루 빵이요.	저쓰 **와**잇 브뤠드, 플리즈. Just white bread, please.
· 호밀 빵이요.	**홀** 윗, 플리즈. Whole wheat, please.
· 여기엔 뭐 들어 있어요?	**왓**츠 인 **히**어? What's in here?
· 양파 빼 주세요.	**호**올드 **언**니언즈, 플리즈. Hold onions, please.
· 야채 추가요.	**엑**쓰트롸 **베**쥐타블스, 플리즈. Extra vegetables, please.
· 치즈 추가요.	**엑**쓰트롸 **취**즈, 플리즈. Extra cheese, please.

식당

41 베이글 ☺

bagel
베이글

· 베이글 있어요?

유 갓 베이글스?
You got bagels?

· 베이글 뭐 있어요?

왓 **카인도브** 베이글스 유 갓?
What kind of bagels you got?

· 데워드릴까요?

유 **원** 디스 **히**딛 업?
You want this heated up?

· 베이글 말고 뭐 있어요?

왓 유 갓 익쎕 더 **베**이글스?
What you got except the
bagels?

42 와이파이 📶

Wifi
와이파이

· 여기 와이파이 되나요?

유 갓 와이파이 히어?
You got Wifi here?

· 와이파이 비밀번호가
  뭐예요?

왓츠 디 **와**이**파**이 **패**쓰워드?
What's the Wifi password?

43 화장실 ♥|♠

restroom
레쓰룸

· 화장실은 어디 있어요?

웨어 이즈 더 **레쓰룸**?
Where is the restroom?

· 누구 있어요?

이즈 **썸**원 인 더 **레쓰룸**?
Is someone in the restroom?

· 화장실이 잠겼는데요.

더 **레쓰룸** 이즈 **럭**드.
The restroom is locked.

· 화장실이 더러워요.

더 **레쓰룸** 이즈 **더**리.
The restroom is dirty.

· 화장실에 휴지가 없어요.

데얼즈 **노 토**일렛 **페**이퍼 인 더 **레쓰룸**.
There's no toilet paper in the restroom.

식당

빨리찾아

관광

관광

관광할 때

01 매표소

ticket office
티켓 오피스

- 매표소는 어디예요?

웨어 이즈 더 티켓 오피스?
Where is the ticket office?

- 매표소는 가까워요?

이즈 더 **티켓 오피스 클로즈**?
Is the ticket office close?

02 할인

discount
디스카운트

- 할인되나요?

캐나이 게러 **디스카운트**?
Can I get a discount?

- 학생 할인되나요?

캐나이 게러 **스튜던 디스카운트**?
Can I get a student discount?

- 할인된 가격이에요?

이즈 디스 더 **디스카운티드 프롸이
쓰**?
Is this the discounted price?

03 입구

entrance
엔트뤤쓰

· 입구가 어디예요?

웨얼 이즈 디 엔트뤤쓰?
Where is the entrance?

· 입구가 안 보여요.

아이 캔 씨 디 엔트뤤쓰.
I can't see the entrance.

· 이 방향이 입구예요?

이즈 디스 더 다이뤡션 투 디 엔트 뤤쓰?
Is this the direction to the entrance?

04 출구

exit
엑씻

관광

· 출구가 어디죠?

웨얼 이즈 디 엑씻?
Where is the exit?

· 출구가 안 보여요.

아이 캔 씨 디 **엑**씻.
I can't see the exit.

· 이 방향이 출구예요?

이즈 **디**스 더 다이**뤡**션 투 **디 엑**
씻?
Is this the direction to the exit?

05 입장료 💵 admission
어드**미**션

· 입장료가 얼마예요?

하우 머취 이즈 **디** 어드**미**션?
How much is the admission?

· 어린이 입장료는 얼마예요?

하우 머취 이즈 디 어드**미**션 포 **췰**
드뤈?
How much is the admission for children?

· 입장료만 사면 다 볼 수 있나요?

더즈 디 어드**미**션 커버 에브뤼**띵**?
Does the admission cover everything?

06 추천 👍

recommendation
뤠커멘**데**이션

· 추천할 만한 볼거리 있어요?

두 **유** 해버 뤠커멘**데**이션 온 왓 투 **씨**?
Do you have a recommendation on what to see?

· 제일 추천하는 건 뭐예요?

왓 두 유 **모**스트 뤠커**멘** 투 **씨**?
What do you most recommend to see?

· 추천하는 코스가 있나요?

쿠쥬 뤠커**멘**더 **룻**트?
Could you recommend a route?

07 안내소

information booth
인포**메**이션 부쓰

· 안내소가 어디예요?

웨어 이즈 디 인포**메**이션 **부**쓰?
Where is the information booth?

관광

· 안내소가 여기서 멀어요?

이즈 **디** 인포**메**이션 부쓰 **퐈** 프롬
히**어**?
Is the information booth far from
here?

· 가까운 안내소는 어디예
요?

웨어 이즈 더 클**로**시스트 인포**메**
이션 **부쓰**?
Where is the closest information
booth?

08 관광 명소 tourist attraction
투어리스트 어트**랙**션

· 제일 유명한 관광 명소가
어떤 거죠?

왓츠 더 **모**스트 페이머스 **투**어리
스트 어트**랙**션 히**어**?
What's the most famous tourist
attraction here?

· 관광 명소 추천해 주세요.

플리즈 뤠커**멘**더 **투**어리스트 어트
랙션.
Please recommend a tourist
attraction.

09 팜플렛

brochure
브로슈어

· 팜플렛 어디서 구해요?

웨어 캐**나**이 겟 **더 브로슈어**?
Where can I get the brochure?

· 팜플렛 하나 주세요.

겟 미 어 **브로슈어**.
Get me a brochure.

· 한국어 팜플렛 있어요?

유 **가**러 **브로슈어** 인 코**뤼**안?
You got a brochure in Korean?

10 영업 시간 ⏰

business hours
비지니싸월스

· 영업 시간이 언제예요?

왓 아 더 **비지니싸월스**?
What are the business hours?

· 언제 열어요?

왓 타임 두 **유 오**픈?
What time do you open?

· 언제 닫아요?

왓 타임 두 **유** 클로즈?
What time do you close?

관광

11 시간표

timetable
타임테이블

· 시간표는 어디서 봐요?

웨어 캐**나**이 씨 **더 타임테**이블?
Where can I see the timetable?

· 이 공연 시간표 좀 보여
주세요.

왓츠 더 **타임테**이블 포 디스 **펄포
먼쓰**?
What's the timetable for this
performance?

· 시간표가 달라요.

더 **타임테**이블 이즈 **낫 롸잇.**
The timetable is not right.

· 해설사가 설명해주는 건
언제예요?

왓 타임 이즈 **더 원** 윗 **더 나뤠이
러**?
What time is the one with the
narrator?

12 사진

picture
픽쳐

· 사진 찍으시면 안 됩니다.
픽쳐스 알 낫 알라우드.
Pictures are not allowed.

· 사진 찍어도 되나요?
캐나이 테이커 픽쳐?
Can I take a picture?

· 사진 한 장만 찍어 줄래요?
쿠쥬 테이커 픽쳐?
Could you take a picture?

· 이거랑 같이 찍어주세요.
테이커 픽쳐 윗 디스 원.
Take a picture with this one.

13 설명

explain
익쓰플레인

· 이거 설명해 주세요.
익쓰플레인 디스, 플리즈.
Explain this, please.

· 설명해 주시는 분 있어요?
두 유 해버 나뤠이러?
Do you have a narrator?

관광

· 한국어로 된 설명도 있어요?　두 유 해번 익쓰플레네이션 인 코
　　　　　　　　　　　　　　　　리안?

　　　　　　　　　　　　　　　Do you have an explanation in
　　　　　　　　　　　　　　　Korean?

14 일정 ⏰　　　　　　　schedule
　　　　　　　　　　　　　　스케줄

· 이 공연 스케줄은 언제예　　왓츠 더 스케줄 포 디스 펄포먼쓰?
　요?　　　　　　　　　　　　What's the schedule for this
　　　　　　　　　　　　　　perform-ance?

· 자세한 스케줄은 어디서 봐　웨어 캐나이 씨 더 디테일드 스케
　요?　　　　　　　　　　　　줄?
　　　　　　　　　　　　　　Where can I see the detailed
　　　　　　　　　　　　　　schedule?

· 이 스케줄이 맞아요?　　　　이즈 디스 스케줄 롸잇?
　　　　　　　　　　　　　　Is this schedule right?

15 출발

departure
디파춰

· 출발이 언제예요?

왓 타임 이즈 **더** 디**파춰**?
What time is the departure?

· 출발을 조금만 늦게 하면 안 되나요?

캔 **위** 딜레이 더 디**파춰** 타임 어 리 **를**?
Can we delay the departure
time a little?

· 출발 시간이 너무 빨라요.

더 디**파춰** 타임 이즈 **투 패**스트.
The departure time is too fast.

16 도착

arrival
어롸이벌

· 도착이 언제예요?

왓 타임 이즈 **디** 어**롸이벌**?
What time is the arrival?

· 도착 시간이 늦네요.

디 어**롸이벌 타임** 이즈 **투 레**잇.
The arrival time is too late.

관광

17 통역

translation
트뤤슬레이션

· 통역이 필요해요.

아이 니더 트**뤤**슬레이션.
I need a translation.

· 한국어 통역 있어요?

유 **가**러 코**뤼**안 트뤤슬레이**러**?
You got a Korean translator?

18 시티 투어

city tour
씨리 투어

· 시티 투어 하고 싶어요.

아이 원 어 **씨**리 **투**어.
I want a city tour.

· 시티 투어 예약할게요.

아이 원 어 **북** 포 더 **씨**리 **투**어.
I want a book for the city tour.

· 시티 투어 자리 있어요?

유 **갓** 씻스 포 **더 씨**리 **투**어?
You got seats for the city tour?

· 저 혼자 할 거예요.

온리 미.
Only me.

19 지도

map
맵

· 지도 있어요?

유 가러 **맵**?
You got a map?

· 시티 투어 지도 있어요?

유 **가러 맵** 포 더 **씨리 투어**?
You got a map for the city tour?

20 선물 가게

gift shop
기프트 샵

· 선물 가게 어디 있어요?

웨어 이즈 더 **기프트 샵**?
Where is the gift shop?

· 선물 가게 멀어요?

이즈 더 **기프트 샵 퐈** 프롬 히**어**?
Is the gift shop far from here?

· 기념품 사려고요.

아이 워너 **겟** 썸 수버**니**얼즈.
I wanna get some souvenirs.

관광

185

21 공연

performance
펄포먼쓰

· 공연 볼 거예요.

암 거나 씨 더 펄**포**먼쓰.
I'm gonna see the performance.

· 공연 언제 시작해요?

웬 더즈 더 펄**포**먼쓰 스타트?
When does the performance start?

· 공연 얼마 동안 해요?

하우 롱 더즈 더 펄**포**먼쓰 고 **온**?
How long does the performance go on?

· 공연이 취소되었습니다.

더 펄**포**먼쓰 해즈 빈 **캔**썰드.
The performance has been canceled.

기내 30p   공항 42p   거리 64p   택시&버스 78p   전철&기차 92p

22 예매

reservation
뤠저베이션

· 예매하려고요.

아드 **라**익 투 메이**커** 뤠저**붸**이션.
I'd like to make a reservation.

· 할인되나요?

두 **아**이 게러 **디**스카운트?
Do I get a discount?

· 예매 안 했어요.

아이 **디**든 게러 뤠저**붸**이션.
I didn't get a reservation.

23 공연 시간

show time
쑈 타임

· 공연 시간이 얼마나 되죠?

하우 롱 이즈 더 **쑈** 타**임**?
How long is the show time?

· 공연 시간 동안 뭐 먹어도
되나요?

캐**나**이 잇 **썸**띵 듀링 **더 쑈** 타임?
Can I eat something during the
show time?

관광

· 공연 시간 동안 사진 찍어
  도 되나요?

캔 아이 **테익 픽쳐스** 듀링 더 **쑈** 타
임?
Can I take pictures during the
show time?

24 매진

sold out
쏠드 아웃

· 매진 되었나요?

이**짓 쏠드** 아웃?
Is it sold out?

· 다음 공연은 몇 시예요?

왓 타임 이즈 **더 넥쓰쑈**?
What time is the next show?

· 아예 표가 없어요?

유 **갓** 노 **티켓쓰** 앳 올?
You got no tickets at all?

25 좌석 🪑

seat
씻

· 앞 좌석으로 주세요.

겟 미 어 **프뤈** 씻.
Get me a front seat.

· 뒷 좌석으로 주세요.

겟 미 어 **빽** 씻.
Get me a back seat.

· 중간 좌석으로 주세요.

겟 미 어 **미**를 씻.
Get me a middle seat.

· 좋은 자리로 주세요.

겟 미 어 **굿** 씻.
Get me a good seat.

26 휴식 시간 🕐

intermission
인터**미**션

· 휴식 시간이 언제예요?

웬 이즈 디 인터**미**션?
When is the intermission?

· 휴식 시간 있어요?

두 **위** 겟 언 인터**미**션?
Do we get an intermission?

관광

· 휴식 시간이 몇 분이에요? **하우** 롱 이즈 디 인터**미**션?
How long is the intermission?

27 자막 .Smi

subtitle
썹타이틀

· 자막 있어요? 유 **갓** **썹**타이틀스?
You got subtitles?

· 한국어 자막 있어요? 유 **갓** 코뤼안 **썹**타이틀스?
You got Korean subtitles?

· 영어 자막 나와요? 유 **갓** 잉글리쉬 **썹**타이틀스?
You got English subtitles?

28 주연 배우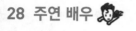

main actor
메인 액터

· 주연 배우가 누구예요?

후 이즈 더 **메인 액터**?
Who is the main actor?

· 주연 배우를 만날 수 있어요?

캐나이 **밋** 디 액터스?
Can I meet the actors?

· 주연 배우가 유명해요?

이즈 더 **메인 액터** 페이**머스**?
Is the main actor famous?

관광

빨리찾아

쇼핑

쇼핑할 때

01 청바지   jeans
쮄스

- 청바지 보려고요.

  아이 워너 씨 썸 쮄스.
  I wanna see some jeans.

- 일자 청바지 있어요?

  유 갓 스트뤠잇 쮄스?
  You got straight jeans?

- 트레이닝 바지 있어요?

  유 갓 스웻팬츠?
  You got sweatpants?

- 반바지 있어요?

  유 갓 썸 숄츠?
  You got some shorts?

쇼핑

02 후드

hoodie
후디

· 후드티 종류 보려고요.

아이 워너 씨 썸 후디스.
I wanna see some hoodies.

· 후드티 어디 있어요?

웨어 아 더 후디스?
Where are the hoodies?

· 맨투맨 티 있어요?

유 갓 스웻셜츠?
You got sweatshirts?

03 셔츠

shirts
셜츠

· 셔츠 보려고요.

아이 **워너 씨 썸 셜**츠.
I wanna see some shirts.

· 줄무늬 셔츠 볼게요.

아이 **워너 씨 썸 스트롸입드 셜**츠.
I wanna see some striped
shirts.

· 땡땡이 셔츠 볼게요.

아이 **워너 씨 썸 다트드 셜**츠.
I wanna see some dotted shirts.

· 남자 용인가요?　　　　　이즈 **디**스 포 맨?
　　　　　　　　　　　　Is this for men?

· 여자 용인가요?　　　　　이즈 **디**스 포 워맨?
　　　　　　　　　　　　Is this for women?

· 이것보다 긴 셔츠 있어요?　유 **갓** 롱거 원즈?
　　　　　　　　　　　　You got longer ones?

· 넥타이도 볼 거예요.　　　아이 **올쏘** 워너 씨 썸 **타**이즈.
　　　　　　　　　　　　I also wanna see some ties.

04 치마 👖　　　skirts
　　　　　　　　　　스컬츠

· 치마 보려고요.　　　　　아이 **워**너 씨 썸 스컬츠.
　　　　　　　　　　　　I wanna see some skirts.

· 긴 치마 있어요?　　　　　유 **갓** 롱 스컬츠?
　　　　　　　　　　　　You got long skirts?

· 짧은 치마 있어요?　　　　유 **갓** 숏 스컬츠?
　　　　　　　　　　　　You got short skirts?

쇼핑

호텔 108p　　식당 134p　　관광 170p　　쇼핑 192p　　귀국 212p

· 드레스 있어요?

유 갓 드뤠씨스?
You got dresses?

05 입어(신어) 볼게요

try on
트롸이 온

· 이거 입어볼게요.

아이 **워**너 트**롸**이 디스 **온**.
I wanna try this on.

· 이거 신어볼게요.

아이 **워**너 트**롸**이 디스 **온**.
I wanna try this on.

· 다른 거 입어볼게요.

아이 **워**너 트**롸**이 어나덜 원.
I wanna try another one.

· 다른 사이즈 신어볼게요.

아이 **워**너 트**롸**이 어나덜 **싸**이즈.
I wanna try another size.

06 피팅룸

fitting room
퓌링 룸

· 피팅룸 어디예요?
웨어 이즈 더 **퓌링 룸?**
Where is the fitting room?

· 몇 개 입어볼 수 있어요?
하우 매니 캐**나**이 트**롸**이 **온?**
How many can I try on?

· 이건 안 입어 봤어요.
아이 디든 트**롸**이 **디**스 원.
I didn't try this one.

· 이거 살 거예요.
암 거나 바이 **디**스 원.
I'm gonna buy this one.

07 사이즈

size
싸이즈

· 사이즈가 어떻게 되세요?
왓 **싸**이즈 두 유 웨얼?
What size do you wear?

· 커요.
잇츠 **투 빅.**
It's too big.

쇼핑

· 작아요.

잇츠 투 스몰.
It's too small.

· 더 큰 걸로 주세요.

아이 워너 **비**거 **싸**이즈.
I want a bigger size.

· 더 작은 걸로 주세요.

아이 워너 스몰러 **싸**이즈.
I want a smaller size.

08 전통적인 것 traditional
트뤠디셔널

· 전통적인 물건 있어요?

유 갓 썸**띵** 트뤠**디**셔널?
You got something traditional?

· 전통적인 음식 있어요?

유 갓 썸**띵** 트뤠**디**셔널 투 **잇**?
You got something traditional to eat?

· 여기서 선물하기 좋은 게 뭐예요?

위치 원 두 **유** 띵키즈 더 **베**스투 **겟** 애**저** 기프트?
Which one do you think is the best to get as a gift?

09 지역

local
로컬

· 이 지역에서 유명한 게 뭐 예요?

왓츠 더 모스트 풰이머스 로컬 띵 히어?
What's the most famous local thing here?

· 지역 특산품 있어요?

유 갓 풰이머스 로컬 프뤄덕츠?
You got famous local products?

10 포장 📦

wrap
뢥

· 포장해 주세요.

뢥 디스 애저 기프트, 플리즈.
Wrap this as a gift, please.

· 포장은 이거 하나만 해주세요.

온리 디스 원 고즈 애저 기프트.
Only this one goes as a gift.

· 포장하는데 돈 들어요?

두 아이 니투 페이 언 엑쓰트라 촤쥐?
Do I need to pay an extra charge?

쇼핑

· 그냥 내가 집에서 포장할게요. **아**윌 저쓰 **뤱** 잇 **업** 마이셀프 앳 **홈**.

I'll just wrap it up myself at home.

11 추천 📌

recommendation
뤠커멘데이션

· 추천할 만한 선물 있어요? 애니 뤠커멘**데**이션 포 **기**프트?

Any recommendation for gifts?

· 부모님 선물 추천해 주세요. 뤠커멘**더 기**프트 포 마이 **패**뤤츠, 플리즈.

Recommend a gift for my parents, please.

· 남자친구 선물 추천해 주세요. 뤠커멘더 **기**프트 포 마이 **보**이프뤤, 플리즈.

Recommend a gift for my boyfriend, please.

· 여자친구 선물 추천해 주세요.

레커멘더 기프트 포 마이 걸프렌, 플리즈.
Recommend a gift for my girlfriend, please.

12 선물 🎁

gift
기프트

· 선물로 주려고요.

잇츠 어 기프트.
It's a gift.

· 선물 포장해 주세요.

겟 디스 원 뤱드 업 애저 기프트.
Get this one wrapped up as a gift.

· 선물로 뭐가 좋은가요?

왓츠 굿 애저 기프트?
What's good as a gift?

· 이거 선물로 어때요?

하우 어바웃 디스 애저 기프트?
How about this as a gift?

쇼핑

13 지불

pay
페이

- 지불은 어떻게 하시겠어요?

  하우쥬 라익 투 **페이**?
  How would you like to pay?

- 신용카드 되나요?

  두 **유** 테익 크뤠딧 **카즈**?
  Do you take credit cards?

- 현금으로 할게요.

  아윌 **페이** 인 캐쉬.
  I'll pay in cash.

14 할인

discount
디스카운트

- 할인되나요?

  캐**나이** 게**러 디스카운트**?
  Can I get a discount?

- 할인 쿠폰 있어요.

  아이 해버 **디스카운트 쿠폰**.
  I have a discount coupon.

15 세일 `SALE`

sale
쎄일

· 이거 세일해요?

이즈 **디스** 온 쎄일?
Is this on sale?

· 이거 세일 금액이에요?

이즈 **디스** 더 쎄일 프라이**쓰**?
Is this the sale price?

· 이건 세일 품목이 아닙니다.

디스 원 이즈 **낫** 온 쎄일.
This one is not on sale.

16 영수증 📋

receipt
뤼씻트

· 영수증 드릴까요?

유 **원** 더 뤼씻트?
You want the receipt?

· 영수증 주세요.

아이 **원** 더 뤼씻트.
I want the receipt.

· 영수증 안 주셨어요.

유 **디**든 **김**미 더 뤼씻트.
You didn't give me the receipt.

쇼핑

· 영수증 필요해요.

아이 니더 뤼씻트.
I need the receipt.

17 둘러보는 거예요 ⟨☺⟩ɔ **browsing**
브롸우징

· 그냥 보는 거예요.

암 저쓰 브롸우징.
I'm just browsing.

· 혼자 둘러 볼게요.

아일 **저**쓰 **루**꺼롸운 바이 마이**쎌**
프.
I'll just look around by myself.

· 도움이 필요하면 부를게요.
감사해요.

아윌 **콜** 유 **웬** 아이 **니**쥬. 땡큐.
I'll call you when I need you.
Thank you.

18 이거 있어요? ✍ **You got?**
유 갓?

· 다른 거 있어요?

유 **갓** 어나덜 **원**?
You got another one?

· 색깔 다른 거 있어요?

유 갓 어나덜 컬러?
You got another color?

· 큰 거 있어요?

유 갓 비거 원스?
You got bigger ones?

· 작은 거 있어요?

유 갓 스몰러 원스?
You got smaller ones?

· 진열 안 되어 있던 거 있어요?

유 갓 디스 쎄임 원 댓츠 낫 디스플레이드?
You got this same one that's not displayed?

19 향수

perfume
펄퓸

· 향수 보려고요.

아이 워너 씨 썸 펄퓸.
I wanna see some perfume.

· 이거 시향해 볼게요.

아이 워너 트롸이 디스 원.
I wanna try this one.

· 달콤한 향 있어요?

유 갓 스윗 프뤠그륀쓰?
You got sweet fragrance?

쇼핑

· 상큼한 향 있어요?

유 갓 프레쉬 프뤠그뤈쓰?
You got fresh fragrance?

20 화장품 📇

cosmetics
커즈메틱스

· 화장품 보려고요.

아이 워너 씨 썸 커즈메틱스.
I wanna see some cosmetics.

· 화장품 코너는 어디예요?

웨어 아 더 커즈메틱스?
Where are the cosmetics?

· 크림 보여 주세요.

쑈미 썸 크륌스.
Show me some creams.

· 립스틱 보여 주세요.

쑈미 썸 립스틱스.
Show me some lipsticks.

· 파운데이션 보여 주세요.

쑈미 썸 퐈운데이션스.
Show me some foundations.

· 마스카라 보여 주세요.

쑈미 썸 매스캬라.
Show me some mascaras.

21 시계 ⏰　watch
윗취

· 손목시계 보려고요.	아이 **워너** 씨 썸 **윗취스**. I wanna see some watches.
· 여자 걸로 보려고요.	**쑈**미 썸 **윗취스** 포 **워맨**. Show me some watches for women.
· 남자 시계로 보여주세요.	**쑈**미 썸 **윗취스** 폴 **맨**. Show me some watches for men.
· 어린이 시계로 보여주세요.	**쑈**미 썸 **윗취스** 폴 **키즈**. Show me some watches for kids.

22 가방 👜　bag
백

· 가방 보려고요.	아이 **워너** 씨 썸 **백스**. I wanna see some bags.

쇼핑

· 지갑 보여주세요.	**쑈미 썸 월렛스**. Show me some wallets.
· 남자 지갑 보여주세요.	**쑈미 월렛스 폴 맨**. Show me wallets for men.
· 여자 지갑 보여주세요.	**쑈미 월렛스 폴 워맨**. Show me wallets for women.

23 주류 🍷

liquor
리쿼

· 주류는 어디서 사요?	**웨어 두 아이 겟 리쿼?** Where do I get liquor?
· 위스키 보여주세요.	**쑈미 썸 위스키**. Show me some whisky.
· 와인 보여주세요.	**쑈미 썸 와인**. Show me some wine.
· 제가 몇 병 살 수 있어요?	**하우 매니 버틀스 캐나이 겟?** How many bottles can I get?

24 깨지기 쉬워요 🏆 fragile
프뤠질

· 이거 깨지기 쉬워요.
디스 이즈 프뤠질.
This is fragile.

· 조심하셔야 해요.
비 커셔스.
Be cautious.

· 잘 포장해 주세요.
플리즈 뤱 잇 웰.
Please wrap it well.

25 교환 🎒 exchange
익쓰췌인쥐

· 교환하고 싶어요.
아이 워너 익쓰췌인쥐 디스
I wonna exchange this

· 영수증 있으세요?
두 유 햅 유어 뤼씻트?
Do you have your receipt?

· 어떤 걸로 교환하시겠어요?
왓 우쥬 라익 투 익쓰췌인쥐 디스 포?
what would you like to exchange this for?

쇼핑

빨리찾아

귀국할 때

01 확인 🔍

confirm
컨펌

· 제 비행기 확인하려고요.   아이 **워**너 컨**펌** 마이 플라잇.
I wanna confirm my flight.

· 제 티켓 확인하려고요.   아이 **워**너 컨**펌** 마이 **티**켓.
I wanna confirm my ticket.

· 제 자리 확인하려고요.   아이 **워**너 컨**펌** 마이 **씻**.
I wanna confirm my seat.

02 변경 🧳

change
췌인쥐

· 제 비행기 변경하려고요.   아이 **워**너 **췌**인쥐 마이 플라잇.
I wanna change my flight.

· 제 티켓 변경하려고요.   아이 **워**너 **췌**인쥐 마이 **티**켓.
I wanna change my ticket.

· 제 자리 변경하려고요.

아이 **워**너 **췌**인쥐 마이 **씻**.

I wanna change my seat.

03 연착

delay
딜레이

· 비행기가 연착되었습니다.

더 플라잇 워즈 딜**레**이드.

The flight was delayed.

· 얼마나 기다려요?

하우 롱 두 **아**이 **웨**잇?

How long do I wait?

· 다른 비행기로 바꿀 수 있
어요?

캐**나**이 **췌**인쥐 마이 플**라**잇?

Can I change my flight?

04 요청

request
뤼쿠에스트

· 기내식을 채식으로 요청하
려고요.

아이 **워**너 뤼**쿠**에스터 베쥐**테**뤼안
밀.

I wanna request a vegetarian
meal.

· 어린이 기내식 요청하려고요.	아이 **워**너 **뤼쿠**에스터 **키**즈 밀. I wanna request a kids' meal.
· 미리 요청은 안 했어요.	아이 디른 **뤼쿠**에스트 인 어드**밴**스. I didn't request in advance.
· 지금 요청이 불가능해요?	이**짓** 임**파**써블 투 **뤼쿠**에스트 나우? Is it impossible to request now?

05 환승

transit
트**뤤**짓

· 저 환승 승객인데요.	**암** 어 트**뤤**짓 **패**씬저. I'm a transit passenger.
· 환승라운지 어디예요?	**웨**어 이즈 어 트**뤤**짓 **라**운쥐? Where is a transit lounge?
· 경유해서 인천으로 가요.	**암** 어 트**뤤**짓 **패**씬저 투 **인**천. I'm a transit passenger to Incheon.

귀국